Alexandra Reinwarth

Am Arsch vorbei geht auch ein Weg

Für Mütter

Holen Sie sich das ultimative

»Am-Arsch-vorbei«-Lebensgefühl

unbedingt auch online unter

www.am-arsch-vorbei.de

oder besuchen Sie uns auf Facebook.

Am Arsch vorbei geht auch ein Weg

Wie sich dein Leben mit Kind verbessert, wenn du dich locker machst

Für Mütter

Alexandra Reinwarth

mvgverlag

Bibliografische Information der Deutschen Nationalbibliothek
Die Deutsche Nationalbibliothek verzeichnet diese Publikation in der Deutschen Nationalbibliografie. Detaillierte bibliografische Daten sind im Internet über http://dnb.d-nb.de abrufbar.

Für Fragen und Anregungen:
info@mvg-verlag.de

3. Auflage 2018

Nymphenburger Straße 86
D-80636 München
Tel.: 089 651285-0
Fax: 089 652096

Umschlaggestaltung: Laura Osswald
Umschlagabbildung: amnat11/shutterstock; Borja Andreu/shutterstock.com
Satz: Digital-Design, Eka Rost
Druck: GGP Media GmbH, Pößneck
Printed in Germany

ISBN Print 978-3-86882-837-5
ISBN E-Book (PDF) 978-3-96121-070-1
ISBN E-Book (EPUB, Mobi) 978-3-96121-069-5

INHALT

EINLEITUNG

Liebe Mutter, liebe Eltern,

Egal, ob Ihr Spatz erst ein winziger Punkt auf dem Ultraschallbild ist (der Ihnen natürlich sehr, sehr ähnlich sieht), oder ob er schon voll Elan mit der Plastikschaufel auf andere Kinderköpfe drischt, es gibt eine Einsicht, die eint Mütter aller Kinders- und Altersstufen, nämlich:

Sie machen es sowieso falsch. Was? Alles. Das geht schon in der Schwangerschaft los, vermutlich sind Sie zu früh schwanger geworden, Sie haben ja anscheinend gar keine beruflichen Ambitionen. Wenn nicht zu früh, dann sind Sie zu spät schwanger geworden und eine dieser karrieregeilen Fregatten, die sich künstlich befruchten lassen müssen oder die ihre Eizellen schon im Vorfeld einfrieren haben lassen.

Entweder Sie sind so egoistisch und haben nur ein Kind, das als verwöhntes Einzelkind und ohne geschwisterliche Liebe aufwächst, nur weil Ihnen zwei Kinder zu stressig sind, oder Sie haben mehr als eins, und das ist ja fast schon assi, spätestens ab dem dritten, dafür sahnen Sie so richtig Kindergeld ab. Sie Schmarotzerin.

Vermutlich sind Sie so ein Hausmütterchen, das den Schuss nicht gehört hat – ohne Ehrgeiz, vielleicht sogar verheiratet? Die moderne Frau und Mutter sollte inzwischen schon etwas emanzipiert sein! Ach, Sie arbeiten Vollzeit? Sie Emanze, und alles auf Kosten der armen Kinder.

So geht es dahin und wenn Sie einmal verinnerlicht haben, dass Sie es eh falsch machen, ganz egal wie, dann entsteht daraus eine große Freiheit. Schließlich weitet sich Ihr Versagen auf alle Themen Ihrer Elternschaft aus.

Ihr Kind wurde falsch geboren, nämlich entweder im Krankenhaus oder zu Hause oder, oh Schreck: per geplantem Kaiserschnitt! Mit Sicherheit wird es auch falsch ernährt, Sie machen zu viel Aufhebens um die Brut oder kümmern sich nicht genug und mit oder ohne Impfung (je nach Gesprächsteilnehmer) haben Sie das Leben der Kinder aufs Spiel gesetzt. Auch das mit dem Anziehen bekommen Sie einfach nicht hin: Sie sind zu warm, zu luftig, in der falschen Farbe oder nicht in ökologische Baumwolle gekleidet, Sie Flasche. Apropos Flasche: Vermutlich haben Sie noch nicht mal das mit dem Stillen hinbekommen, Sie Nulpe, und damit wird das Kind übergewichtig und hochallergisch. Es sei denn natürlich, Sie haben doch gestillt, aber hoffentlich haben Sie zum richtigen Zeitpunkt damit aufgehört und das Kind hängt nicht einen Tag mehr an der Brust, als gerne gesehen, das ist nämlich das Allerletzte. Die entblößte Brust ist übrigens auch nicht gern gesehen.

Dieses völlige Versagen zieht sich von Anfang bis Ende, von der Schwangerschaft (oder ihrer zu langen Abwesenheit) bis die Blagen groß sind, und je früher Sie sich den ganzen Mist, den man auf dieser Reise sollte und müsste, am Arsch vorbeigehen lassen, anstatt sich zu stressen, desto besser. Das ist die einfachere Aufgabe. Die schwierigere Aufgabe – ich dachte mir schon, dass Sie fragen – ist die Sache mit dem Stress, den man sich selber macht. In dem Moment, wenn man Mutter wird (und keinen Tag vorher), beginnt plötzlich das, von dem einem immer alle sagen, man könne es sich nicht vorstellen: das Kostbarste im Leben, das Herz, befindet sich plötzlich außerhalb des Körpers – und ist dort allen Gefahren der Welt ausgesetzt.

Man will es beschützen vor diesen Gefahren, und zwar nicht nur vor den großen, sondern auch vor den kleinen: Plötzlich liest man tatsächlich Artikel über die Vor- und Nachteile von Gläschen-Nahrung, die Ergebnisse aller TÜV-Tests aller Baby-Autositze und was man tun muss, wenn das Kind überraschenderweise auf einen Wespenstich allergisch reagiert. Das Kind soll nicht nur überleben, es soll es auch schön haben. Es soll froh sein, keine Schmerzen haben, die richtigen Werte vermittelt bekommen, kein Arsch, aber trotzdem stark werden, und sich nicht sorgen müssen – nur weil man selbst völlig unzulänglich in dieser Eltern-Sache ist. DAS ist der größere Stress.

In den folgenden Abschnitten finden Sie Themen aus beiden Kategorien, denn das Feld der Elternschaft ist ein weites. Viel Spaß und toi, toi, toi! Wir schaffen das!

NICHT SCHWANGER

Naaa?

Wer es vergessen hat: Es gab eine Zeit, da war man nicht schwanger und man hatte keine Kinder. Das war auch ganz schön. Speziell die Nächte. Und die Morgen. Und die … aber lassen wir das.

Das Bemerkenswerte an dieser Zeit (außer diesen vielen Stunden ungestörten Schlafs) ist, dass ab einer magischen Altersgrenze, die irgendwo zwischen blutjunges Flittchen und alte Fregatte verläuft, die Umwelt sich plötzlich für die eigene Reproduktion zu interessieren beginnt. Vorausgesetzt allerdings, man hat einen Lebensgefährten, ansonsten ist selbige unbedingt zu vermeiden. Sind die Bedingungen *richtiges Alter* und *Lebensgefährte* gegeben, kann man schon mal die Bullshit-Bingo-Karten ausdrucken und die Aussprüche der Umwelt im gegebenen Fall ausstreichen:

Naaaa? Wann ist es bei euch soweit?	Soll ich die Babysachen jetzt aufheben oder nicht?	Tick-Tack, Tick-Tack!
Habt ihr da – Probleme?	Die Fruchtbarkeit nimmt bei Frauen mit jedem Jahr rapide ab!	Euer Kind wär' bestimmt süß!
Ihr wollt doch nicht etwa keine haben?	Na, seid ihr noch am Üben?	Ich will ja nicht indiskret sein, aber ...

Wie unangenehm einem die Sprüche sind, hängt zum einen vom Gesprächspartner ab, zum anderen vom tatsächlichen Stand des Kinderwunsches. So manch forscher Fragesteller merkt erst, wenn sein Gegenüber in Tränen ausbricht, dass seine Flapsigkeit hier nicht angebracht ist. Es ist mir auch ein völliges Rätsel, dass sich diese Sprüche halten: Die fand noch nie jemand lustig! Das ist eine Frage, die man vielleicht bei einer Flasche Wein zu vorgerückter Stunde vorsichtig anklingen lässt und dann darüber redet –

falls der andere das will und man selbst wirklich interessiert ist und nicht nur Small Talk machen will.

Wer von unüberlegten Fragen seiner Mitmenschen genervt ist, kann ruhig meinen alten Satz benutzen, der auch wieder bei Fragen nach einem potentiellen Geschwisterkind eingesetzt wird:

»Ein/Noch ein Kind? Nein – weißt du, was ich gerne hätte? Ein Pferd! Das hätte ich wirklich gerne, aber es klappt einfach nicht!«

Diese Erkundigungen nach dem Zustand der Fortpflanzungsorgane geben einen kleinen Vorgeschmack auf das, was noch kommt, sollte es irgendwann wirklich soweit sein:

SCHWANGER!

Wie toll, oder? Wenn man das erste Mal zwei Striche auf einen Schwangerschaftstest pinkeln kann, das ist ein ganz besonderer Moment. Man möchte es am liebsten der ganzen Welt erzählen, und wenn man es dann macht – dann hat man den Salat.

Die Reaktionen der Lieben können unter Umständen etwas ernüchternd sein. Während einem einige wie gewünscht freudestrahlend um den Hals fallen, »Ich freu mich so für euch« rufen und ein Tränchen aus dem Augenwinkel wischen, reagieren andere erstaunt: »Ach – ich wusste gar nicht, dass ihr unbedingt Kinder wollt?« oder sogar unsympathisch: »Ach herrje – war das Absicht?«

Sei's drum, Idioten gibt es überall, werden Sie sich denken, ICH KANN SCHLIEßLICH ZWEI STRICHE PINKELN! HURRA!

Und schon haben Sie einen wunderbaren Arsch-vorbei hinbekommen, der da heißt:

Wer sich nicht mit mir freut, am Arsch vorbei!

Denn, und das ist das Tolle: Sie freuen sich (hoffentlich) wie Bolle und die anderen sind nicht so wichtig. Wenn man jemand ist, der sich immer einen Tick zu viele Gedanken um andere macht oder darum, was andere von einem halten könnten, dann ist die Schwangerschaft eine großartige Zeit, die Ihnen ganz plötzlich zeigt, was wirklich zählt: Sie und Ihr Baby, beziehungsweise andersherum: Ihr Baby und Sie. Weil sich dieses Pünktchen, das Ihnen so ähnlich sieht, ganz und gar in den Vordergrund Ihrer Gedanken drängt, rückt der Rest der Welt automatisch dahin, wo er hingehört: etwas weiter nach hinten. Das ist für manche eine völlig neue Erfahrung.

Während der nächsten wunderbaren Monate werden Sie merken, wie Freunde, Familie und auch völlig Unbekannte ihre eigenen Interessen, Meinungen und Vorstellungen an Ihren Bauch bringen wollen, zum Beispiel:

ERNÄHRUNG

Niemand weiß so gut, was Ihnen jetzt guttut, wie Ihre Mitmenschen und – herzlichen Glückwunsch –, die halten auch nicht im Geringsten hinter dem Berg damit. Regelmäßig werden Sie sich gerade genüsslich ein Häppchen in den Mund schieben, während Ihr Gegenüber die Augenbrauen hochzieht: »DAS darfst du essen?« Und noch bevor Sie mit vollem Mund »Waff?« sagen können, erhalten Sie gratis einen Vortrag über die Schädlichkeit von – Häppchen.

Essen Sie währenddessen unbeirrt weiter, Ihr Gegenüber bringt lediglich zum Ausdruck, dass er Anteil nimmt. Das ist viel netter, als permanent »Arschloch« zu denken. Das ist der Stress von außen, von dem wir sprachen. Der Stress, den man sich selbst macht – Sie erinnern sich, das ist der, der viel schwerer wiegt – ist, dass wir ja alles richtig machen wollen. Zugegeben, Mütter, die schon ein oder mehrere Kinder haben, sind da abgebrühter, aber beim ersten googelt man eben noch nach Rohmilch und Salami und der Schädlichkeit von Ananas und liest sich den ganzen Schmonz dann sogar durch. Ebenso wichtig wie das, was man nicht essen darf, ist das, was man unbedingt essen soll. Plötzlich setzt man sich mit Hülsenfrüchten auseinander und überlegt, wo man zwei Mal die Woche Fisch herbekommt! Nicht dass man das Kind versaut, bevor es überhaupt auf die Welt gekommen ist! Ich war eine absolute Expertin in Sachen gesunde Ernährung und habe diese auch durchgezogen. Eine ganze Woche lang. Dann kotzte ich zwei Monate lang auf alles, was kein Cheeseburger war.

BAUCHKOMMENTARE

Das Abschätzen und Kommentieren von Schwangerschaftsbäuchen ist ein gesellschaftlich weitgehend akzeptiertes Body Bashing. Nie vor der Schwangerschaft und nie danach werden Sie so viele Kommentare über Ihren Körper zu hören bekommen. Und das, obwohl vielleicht der Kollege aus der Buchhaltung einen viel größeren Bauch hat als Sie! Während es niemandem im Traum einfallen würde, ganz normalen Leuten auf der Straße zu sagen:

»Hi, wie geht's? Boah, dein Bauch ist aber ganz schön groß geworden!«, ist das bei schwangeren Frauen völlig legitim. Auch Überlegungen, ob mit Größe und Form des Bauches alles in Ordnung ist, werden angestellt und die Irritation ist groß, wenn die Schwangere zurückschlägt:

»Danke, alles in Ordnung, aber sag mal: Deine Männerbrüste sind ja auch nicht gerade geschrumpft?« Ist das böse? Ja – aber vielleicht hat die nächste Schwangere Glück und der Herr mit den Männerbrüsten hält sich in seiner Beurteilung etwas zurück, vorsichtshalber.

DU BIST NICHT KRANK …

… nur schwanger! Das ist einer meiner Lieblingssprüche. Immer wenn ein Mitmensch der Meinung ist, man solle sich nicht so anstellen, kommt der. Zum Beispiel weil Sie in der Arbeit einen Gang runterschalten – ist mir genauso passiert. Was soll das überhaupt heißen, »nur« schwanger? Geht's noch?

In der frühen Schwangerschaft hat man oft Schwindelgefühle, die Brüste schmerzen, Kopfweh ist nicht selten genauso wie Herzrasen und eine große Müdigkeit. Wenn es blöd läuft, ist einem wochenlang kotzübel und man speit sich morgens (manchmal sogar noch mittags und abends) die Seele aus dem Leib. Später kommt noch Sodbrennen dazu, was wirklich scheußlich ist, und es lagert sich soviel Wasser in den Füßen ab, dass einem kein Schuh mehr passt. Ach so und das Hirn, das verwandelt sich leider in eine lauwarme Schüssel Kartoffelbrei. Wenn man Glück hat. Wenn man Pech hat, bekommt man noch dazu Ödeme an Armen und Beinen, eine Schwangerschaftsdiabetes, Gallenstau, Bluthochdruck, Blutungen oder sonst irgendwelche gruseligen Komplikationen.

Da tauscht man doch gerne mit einer Magen-Darm-Grippe! Das Tollste ist nämlich: Medikamente dürfen Sie auch keine nehmen. Und als dickes Ende pressen Sie dann sogar einen echten, lebendigen Menschen aus sich heraus! Oder er wird heraus geschnitten! Und was dabei alles passieren kann, stellt ja wohl alles in den Schatten. Ist natürlich alles nichts gegen die tödliche Männergrippe, ist klar …

DU MUSST DICH SCHONEN!

Das ist die Antipode von »*Du bist nicht krank, nur schwanger*«. Auf den ersten Blick nicht ganz so unsympathisch, auf den zweiten Blick aber halt auch nur eine Anweisung, was man zu tun oder lassen hat.

Wenn es Ihnen Spaß macht, sagen Sie auf:

»Du musst dich schonen!«

»Einen Scheiß muss ich!«

Das ist für Außenstehende lustig anzusehen. Wenn es sich allerdings um Ihre Oma handelt, die sich einfach nur Sorgen macht, geben Sie ihr einen Kuss auf die Stirn.

GEBURTSVORBEREITUNG

Geburtsvorbereitung ist ganz große Klasse, um dieses Schwangersein ein bisschen zu zelebrieren und andere Schwangere kennenzulernen. Also wenn man kein Internet und keine Hebamme oder keinen Arzt hat. Ansonsten ist es vermutlich nicht überraschend, dass die Damen die das nicht zum ersten Mal machen, die Geburtsvorbereitung oftmals ausfallen lassen. Wenn Ihnen vor dem großen Stuhlkreis graust und Sie die Bäuche und Probleme anderer Schwangerer nicht interessieren, wenn Sie sich soweit gut informiert fühlen, keine Ängste haben und in der Zeit lieber mit Ihrem Babybauch Schnitzel essen gehen: nur zu. Und wenn Ihnen Eine blöd kommt mit: »Die Stunde Auszeit nur du mit dem Baby solltest du dir schon nehmen«, Sie wissen ja, wo Sie sich das vorbeigehen lassen können.

GEBURTSBERICHTE

Der Anblick eines (Schwangerschafts-)Bauches, eines Neugeborenen oder die Verkündung einer Schwangerschaft, lösen bei vielen Müttern, die dieses Erlebnis schon hatten, einen Reflex aus, unbedingt von der selbst erlebten Geburt zu berichten. Das ist nicht immer schön und selten von Vorteil, denn in diesen Schilderungen tauchen in der Regel Szenen und Flüssigkeiten auf, von denen man überhaupt nichts wissen will – schon gar nicht, wenn man selbst die Gebärerei noch vor sich hat! Die emotionalisierten Damen realisieren aber in der Regel nicht, dass ihre Geburtsberichte in keinem Fall förderlich sind, auch nicht, wenn sie am Schluss dranhängen: *»...... aber als ich ihn/sie dann im Arm hielt, war das alles vergessen!«*

Liebe Frauen: Man muss sich sowas nicht anhören. Wenn sich eine solche Geschichte anbahnt, stecken Sie sich beide Zeigefinger in die Ohren und singen Sie laut »Lalala...lala..« Das hilft Ihrem Gegenüber zu erkennen, dass Sie an einem Themenwechsel interessiert sind.

GEBURT UND SO

Was die Geburt angeht, so wird man aufgeklärt: von der zuständigen Ärztin oder Hebamme über die Möglichkeiten, und vom Rest der Welt über die einzig wahre Möglichkeit. Die einzig wahre Möglichkeit ist in echt ein Dreigestirn, bestehend aus:

1. Hausgeburt
   Die einzig wahre, weil natürliche Form ein Kind auf die Welt zu bringen, selbstbestimmt und in einer heimeligen Umgebung. Am besten in einem von der Hebamme mitgebrachten Wasserbassin.
   Für alle, die sich nicht sofort denken: »Bei mir zu Hause? Und wer räumt den ganzen Scheiß danach auf?«, ist das eventuell eine großartige Möglichkeit.

2. Klinik
   Die einzig wahre, weil sicherste Möglichkeit, ein Kind auf die Welt zu bringen, mit einer Kinderstation nebendran, falls was ist, und ausreichend Schmerzmitteln sowie einem OP in nächster Nähe.
   Für alle, die sich dort wohler fühlen aus Sicherheitsgründen (und weil jemand anderes aufräumt), eventuell eine großartige Möglichkeit.

3. Geplanter Kaiserschnitt
   Denen ist die Art der Geburt hingegen etwas unangenehm – so als hätten sie bei der Abschlussprüfung geschummelt und bestanden.

Für alle, die große Angst haben oder die Vorstellung zu absurd finden, einen vier Kilo schweren Brocken aus Ihrer Scheide zu pressen, eventuell eine großartige Möglichkeit. Obwohl es alle behaupten, ist keiner dieser drei Möglichkeiten die goldene Krone verliehen worden. Machen Sie doch, was Sie wollen.

HURRA, DAS KIND IST DA!

SCHAM

Es geht ja schon bei der Gebärerei los: Kaum ist man im Krankenhaus aufgenommen und alle sind sich soweit einig, dass dieses Kind nun wohl kommt, lernt man einige Leute kennen, die einem direkt zur Begrüßung die Hand ins Höschen stecken. Nennen Sie mich prüde, aber mir gefällt das nicht. Ich sehe allerdings ein, dass es schon rein logistisch nicht möglich ist, die Belegschaft zunächst bei einem Drink an der Bar kennenzulernen, und ich sehe auch ein, dass eine Untersuchung, wie weit das mit dem Gebären gediehen ist, notwendig ist. Trotzdem. Meine Pingeligkeit dahingehend verabschiedete sich in dem Moment, als wenige Stunden später die Kreißsaal-Mannschaft zwischen meinen gespreizten Beinen herumfuhrwerkte und mein Körper angesichts der großen Zuschauerzahl beschloss, alles an Körperflüssigkeiten aufzufahren, was er so zu bieten hatte. Da seufzte meine Scham kurz, zog den Hut und ward nicht mehr gesehen.

Es gibt in der ganzen Kindersache verschiedene Stationen der Demut. Eine davon war der Kreißsaal, eine andere befindet sich im Wartezimmer des Krankenhaus-Gynäkologen, der die Abschlussuntersuchung macht, bevor man mit seinem kleinen Menschen und einem toi, toi, toi nach Hause geschickt wird. In meinem Fall war das Wartezimmer der Krankenhausflur und dort saßen auf einer Bank lauter lädierte Damen in Nachthemden und Pantoffeln. Wir alle hatten ein Kind bekommen, unser aller Unterleibe waren mehr oder weniger in Mitleidenschaft gezogen und keine konnte richtig sitzen. Und das Schlimmste: Als die Tür aufging, stand da George Clooney im Arztkittel – also er sah zumindest so aus. Wie fies ist das denn? Andererseits war die Lektion in Sachen Scham aber auch äußerst hilfreich, denn dass man die nächsten Jahre nicht mehr alleine aufs Klo gehen wird, damit muss man sich ja auch erst mal abfinden.

WOCHENBETTBESUCHE

Wochenbettbesuche gibt es in zwei Varianten:

Variante 1: Die liebe Freundin kommt mit ein paar Tupperdosen Essen vorbei, einem kleinen Geschenk für das Kind, setzt sich ans Bett oder mit auf die Couch, bewundert das Baby, freut sich mit den Eltern, und verschwindet nach 30 Minuten wieder. Und den Müll, den nimmt sie auch noch mit runter.

Variante 2: Tante Martha und Onkel Horst sind mit einem riesigen Teddy extra die weite Strecke aus Gummelshausen gefahren und wollen jetzt auch was dafür geboten bekommen. Man selbst ist im Vorfeld schon gestresst, denn auch wenn man es hinbekommt, nicht aufzustehen und Kaffee zu machen, will man dass die Wohnung nicht im Chaos versinkt, jetzt nicht gerade das Baby schreit, man will einigermaßen adäquat aussehen (Brüste IM T-Shirt, Hose an) und hat man eigentlich die dicken Binden weggeräumt? Zack – Stress.

Sind die beiden dann da, wird es nicht besser: Tante Martha nimmt das Baby auf den Arm und schuckelt es so schwungvoll, dass es, falls man es loslassen würde, durch das Wohnzimmer, den Gang entlang bis ins Schlafzimmer fliegen würde. Nebenbei bemerkt Martha, dass das Kind zu luftig angezogen ist und wirft ihm zwei Decken über – und warum steht das Babybettchen im Elternschlafzimmer?

Horst hält sich derweil an den frisch gebackenen Vater, fragt nach einem Bierchen und wie es mit Knabbereien aussieht. Sie bleiben den ganzen Nachmittag und hinterlassen leere Biergläser, jede Menge gute Ratschläge, erschöpfte Eltern und ein schwitzendes Baby. Und am nächsten Tag hat sich der Schwiegerbruder mit seinen kleinen Kindern angekündigt...

Je nachdem wie viele Angehörige und Bekannte in der Art man hat, kann man das aushalten, wenn man möchte –

oder nicht. Falls man das nicht möchte, sich aber nicht überwinden kann die Wahrheit zu sagen: Die ersten vier, fünf Tage zu Hause dürfen Sie gar keinen Besuch empfangen, das hat der zuständige Arzt gesagt, wegen Ihren extrem schmerzhaften Nachwehen. Lügen Sie, was das Zeug hält – Tante Martha findet das auch nicht eigenartiger als die neumodische Sitte, das Kind sooft zu füttern, wie es will. Auf diese Nachwehen können Sie auch sofort zurückgreifen, wenn der Besuch aus Ihrer Sicht um ist. Und mehr als ein Besuch pro Tag ist auch verboten.

AUSSEHEN

Zum Glück hat einen die Schwangerschaft mit den geschwollenen Füßen, den Dehnungsstreifen und den Pickeln im Gesicht schon darauf vorbereitet: Ein Kind zu bekommen ist kein Beauty-Urlaub. Es ist das Gegenteil von einem Beauty-Urlaub. Die Vorstellung von einer strahlenden Schwangeren, die selig lächelnd davon aufwacht, weil ihr Mann ihr über den Bauch streichelt, und die selbigen Bauch in einem hübschen Kleid durch die Stadt trägt wie eine dieser Promi-Schwangeren, die auch im neunten Monat noch in High Heels über die Promenaden flanieren, also dieses Bild das in meinem Kopf irgendwann aufgeploppt war – das hat es nie in die Realität geschafft. Ich wurde die ersten drei Monate nicht von L.

sondern von meinem Würgereiz geweckt, woraufhin ich über der Kloschüssel hing und L. irgendwann in die Arbeit ging. Ich war außerdem so müde, dass ich nach der Bewältigung des Alltags in mich zusammensackte und statt Haare zu waschen oder mir die Beine zu rasieren, lieber ein Nickerchen machte. Als die Übelkeit vorbeiging, kamen die Pickel und so ging das immer weiter, bis ich eines schönen Tages zwar über die Promenade flanierte, aber eben nicht wie eine strahlende Promi-Schwangere, sondern wie ein aufgeblähter Zombie. Das Tolle an der Sache war: Ich kotzte nicht, hurra!!!

Das Befinden war in den Vordergrund gerückt und das Wohl des Babys, alles andere wurde unwichtiger – auch das Aussehen. Insofern ist eine Schwangerschaft eine Art Crashkurs in Sachen *Aussehen am Arsch vorbei*, und fantastischerweise hat man nach der Geburt auch was davon: Denn selbstverständlich kann man seinen wabbelnden Körper nur in einen Bademantel hüllen und aussehen wie etwas, das jemand aus der grünen Tonne gefischt hat, aber: Schaut dieses perfekte Baby an! Ist das nicht unglaublich? Wir haben die Bademantelzeit inzwischen zwar überwunden, aber so eine gewisse Wurstigkeit, was das eigene Potenzial zur Schönheitskönigin betrifft, ist geblieben. Klar, toller ist es, wenn man wie Grace Kelly über den Bürgersteig schreitet, aber wenn nun mal im Laufe des Tages ein paar Kotzflecken, Rotz- oder Milchspuren und eingetrocknetes Eis am Ärmel dazu gekommen sind und wenn außerdem morgens irgendwie keine Zeit war für ein Peeling oder ein schnelles Nude-Look-Make-up, dann geht halt die Welt auch nicht unter.

RATSCHLÄGE, GENERELL

Wenn das Baby noch klein ist, fühlt sich die Umwelt bemüßigt, den Eltern Tipps und Tricks für den Umgang mit dem kleinen Wesen zu geben. Das Wissen darum gründet manchmal auf Erfahrung, oft auf etwas, das irgendwo gehört wurde und noch öfter auf einem nicht näher definierbaren Bauchgefühl. Das ist zwar niedlich und bestimmt lieb gemeint, aber auch ein bisschen lustig, nämlich so, als ob Sie gerade einen Intensivkurs mit einem – sagen wir – Thermomix-Küchengerat machen würden, täglich mit ihm arbeiten und daran herumprobieren, und dann kommen Leute und erzählen Ihnen, was sie so über Küchengeräte wissen. Verstehen Sie, was ich meine?
Die Art der Tipps hängt dabei stark vom Alter der Tippgeberin ab, die älteren neigen zu Tipps wie:

- »Trag das Kind nicht die ganze Zeit rum, es muss liegen wegen der Wirbelsäule!«

- »Lass das Kind bloß nicht in euer Bett, sonst schläft es nie in seinem eigenen!«

- »Deck bloß den Fernseher ab wegen der Strahlung!«

oder mein absoluter Lieblings-Tipp:

> »Nicht zu viel mit dem Baby schmusen, sonst löst es sich nicht von dir!«

Jüngere Expertinnen hingegen weisen auf die neuesten Ergebnisse von irgendwelchen Untersuchungen hin und glänzen dann mit:

- »Wenn Babys klassische Musik hören, tun sie sich später leichter mit Fremdsprachen, hier, das Requiem von Mozart!«

- »Bloß keinen Brei! Du musst stillen und dann gibt es dampfgegartes Gemüse als Fingerfood!«

- »Benutz keine Windeln, sondern beobachte dein Kind, wann es muss, und dann hältst du es einfach über den Topf.«

Das heißt nicht, dass Sie all die freundlichen Leute gleich mit Schimpf und Schande vom Hof treiben sollten, aber wenn Ihnen zufällig der Tipp von Ihrem Gegenüber nicht gelegen kommt, können Sie guten Gewissens sagen: »Bei meinem Modell geht das nicht/anders.«

A WIE ANDERE MÜTTER

Andere Mütter sind eine verzwickte Sache, lassen sich aber grob in die beiden Kategorien *Verbündete*, sowie *Totaler Alptraum* einteilen.

Ob Sie an eine aus der einen oder der anderen Kategorie geraten sind, lässt sich relativ leicht herausfinden: Wenn Ihnen die Anwesenheit der anderen Mutter ein gutes Gefühl vermittelt, deutet alles auf eine potentielle *Verbündete* hin. Haben Sie hingegen so ein unangenehmes Ziehen in der Magengegend und kommen sich plötzlich als eine unzulängliche Versagerin vor, deren Kinder nur durch reinen Zufall noch am Leben sind, dann sind Sie mit ziemlicher Sicherheit an einen *Totalen Alptraum* geraten. Es gibt aber noch einige andere Indizien. Rätselhafterweise erweisen sich zum Beispiel Mütter mit fleckenlosen Hosen in hellen Sommerfarben öfter als Totaler Alptraum – zumindest öfter als die Kotzeflecken-Fraktion.

Auch ausgedehntes Kommentieren von Fähigkeiten und Talenten der Sprösslinge kann ein Hinweis sein – aus unerfindlichen Gründen sind die Kinder der Alptraummütter nämlich ausnahmsweise hochbegabt oder in ihrer Entwicklung einfach schon ›total weit‹. Das hört man sich dann an und sieht währenddessen dabei zu, wie sich das eigene Kind ein paar Handvoll Sand in den Mund stopft. Da kann man schlecht draufkommen. Pro-Tipp: Halten Sie sich unbedingt an die anderen.

SAUBERE SACHEN

… werden überbewertet. Es ist schlicht nicht möglich, das Kind sauber zu halten, beziehungsweise wäre es vermutlich möglich, wenn man es permanent umziehen würde. Mir kommt es allerdings jetzt schon so vor, als hätte ich nicht eins, sondern geschätzte 15 Kinder – und als würden die alle im Braunkohlewerk arbeiten. Es ist unfassbar. Ich glaube, den aktuellen Rekord im Sachen Einsauen hat das Kind aufgestellt, als es eine Hose voll Farbe beschmiert hat, noch BEVOR sie angezogen war. Hat ihm halt keiner gesagt, dass man Buntstifte am besten aus der Hand legt, bevor man sich eine Hose anziehen will. Ich raufe mir dann ein bisschen die Haare und fluche, L., mein reizender Lebensgefährte und der zuständige Vater, zuckt hingegen nur mit den Schultern: »Ein Glück. Hochbegabt ist er schon mal nicht.« Und weil Wäsche waschen nicht zu den Dingen gehört, die ich gerne zweimal am Tag machen möchte, rennt das Kind mit Flecken rum. Es hat Flecken auf dem T-Shirt, Flecken auf der Hose, Flecken auf den

Schuhen und wenn es schlecht läuft, dann hat es auch Flecken in der Unterhose. Ich bin auch davon überzeugt, würde ich das Kind jedes Mal umziehen, würde sich dieser Umstand nicht ändern, ich käme nur schlechter drauf und das kann keiner wollen. In Situationen, in denen ich mir wirklich ein Kind ohne Flecken wünsche, zum Beispiel weil ein Familienfoto gemacht wird oder das Kind als Bote Trauringe zu einem Altar bringen darf, habe ich so eine Art Überwurf dabei. Ja genau, wie für ein altes Sofa, dem man neuen Glanz verleihen will. Das ist in unserem Fall ein zwei Nummern zu großes Hemd, blütenweiß und tiefenrein und es ist so groß, dass es locker noch ein paar Flecken auf dem Hosenboden verdecken kann.

TOTAL NATÜRLICH

Mein Ja! zu Flecken (auf dem Kind und durchaus auch im übertragenen Sinn) ist für andere wiederum ein Gruselgrauen: Meine liebe Freundin Lotta, ihrerseits Mutter zweier reizender Kinder, ist selbst auf dem Dorf groß geworden. Und trotz (oder gerade wegen) Dorfbach, Schlammpfützen und allem Spielen in Wald und im Kuhstall hat sie eine Abneigung gegen Dreck. Vielleicht hat ihre eigene Kindheit aber auch gar nichts damit zu tun – man weiß es nicht. Sie dreht deswegen jedenfalls nicht durch und ihre Kinder dürfen auch in Pfützen springen und machen sich auch dreckig, aber es gibt Grenzen. Als die Kinder zum Beispiel in das Alter kamen, in dem sie anfingen selbständig zu essen, war das eine harte Zeit für Lotta. Vor allem, weil es gerade in Mode kam, die Kinder mit den Händen einfach mal machen zu lassen. So würden sie ›mit allen Sinnen‹ Freude am Essen entwickeln, hieß es. Baby Led Weaning nennt sich das und bedeutet soviel wie: maximale Verschmutzung bei minimaler Essensaufnahme. Wenn Sie eine ungefähre Vorstellung davon haben, was ein Baby mit seinen Händen und einem Teller Spaghetti mit Tomatensauce anstellen kann, dann wissen Sie, wovon ich rede. Lotta saß also gänzlich verspannt neben dem Kind, das auf seinem Thron lustig herumpanschte, die Nudelteile flogen durch die Luft, die Sauce tropfte von Wand und Kind, und Lottas innerer Kontrollzwang drehte durch.

Sie sah sich das eine Zeit lang an und beschloss dann: Die Kinder müssten eben mit Brei und Löffel Freude am Essen entwickeln und so lange sie das nicht annähernd beherrschten, würde Lotta ebendiesen nicht aus der Hand geben. Während ihre Mutter froh war, dass der ›neumodische Schmarrn‹ endlich beendet war und sich Lottas Kontrollzwang entspannt zurücklehnte, schüttelten die Mütterkolleginnen die Köpfe. Ts, ts, ts. Wie konnte man nur so egoistisch sein und wegen ein bisschen Sauerei den armen Kindern dieses wichtige Erlebnis verwehren!

Lotta verwehrt ihren Kindern auch das Erlebnis von Sand in der Vagina, einfach weil sie im Sommer am Spielplatz ihre Töchter nicht komplett auszieht. »Das tut mir schon beim Hinsehen weh!« wettert sie, und die Mütterkolleginnen: Ts, ts, ts.

Lotta hat es schwer, denn ihre Mütterkolleginnen sind alle Profis. Da wird das Bio-Gemüse dampfgegart und der Dinkelkeks geknabbert und der ökologische, dreirädrige Kinderwagen ist vollgestopft mit allem, was man unterwegs benötigen könnte.

»Die haben nicht nur einen kompletten Satz Ersatzklamotten dabei«, jammert Lotta, »die haben auch die passenden Klamotten dabei, falls das Kind spontan wächst und zwei Größen überspringt … und ich olle Rabenmutter habe letztens sogar das Wasser vergessen!« Aber darauf kommen wir noch zu sprechen.

Vätern ist diese Thematik übrigens, wie auch fast alle anderen Themen aus dieser Liga, komplett egal. Solange die Blagen am Leben sind, ist ihre Welt in Ordnung.

KINDERGEBURTSTAG

Kindergeburtstag ist was für ganz Hartgesottene. Es heißt, Chuck Norris hätte mal freiwillig einen ausgerichtet. Der allererste Kindergeburtstag von meinem Kind kam für mich völlig überraschend. Also natürlich kenne ich das Prinzip, aber dieses Würmchen war doch gerade erst aus mir herausgekommen.

Es war auch, das muss man dazu sagen, nicht das Würmchen, das seinen Kindergeburtstag einforderte, sondern die Krabbelgruppe des Würmchens, genauer gesagt: die Mütter. Was wir denn geplant hätten.

Von einem Plan konnte jedoch keine Rede sein und noch bevor ich eine angemessene Panik entwickeln konnte, nahm uns das Würmchen mir jegliche Panik ab und wurde krank. Der Kindergeburtstag fiel aus und wir atmeten erleichtert auf.

Das Jahr darauf wurde das Kind nicht krank, aber zumindest hatte ich bis dahin nun schon einige Kindergeburtstage miterlebt – Hurray! – und wusste, was dahingehend erwartet wurde. Nur so viel: Wenn man noch nicht mal ein Motto für die Party hat, kann man einstecken. Sie erinnern sich noch an Würstchen schnappen und Smarties auf dem Kuchen? Sie antiquierte Nulpe.

Kinderpartys kommen heute komplett im Dinosaurier-, Piraten-, Frozen- oder Peppa-Wutz-Gewand daher. Da stimmt alles, von den Servietten über die Banderole, Fähnchen und die Tischdecke, Einladungskarten und die Luftballons. Wenn es blöd läuft, haben Sie da eine 70-teilige Deko, also 70 Peppa-Wutz-Bilder in Ihrer Wohnung, die Peppa-Wutz-Kerzen auf dem verfickten Peppa-Wutz-Kuchen nicht mitgerechnet. Davon bekommt man übrigens Augenkrebs, das haben neue Untersuchungen bestätigt …

Es gibt aber eine Gruppe Mütter, die lehnt solche Inszenierungen ab, wegen Kommerz und so. Ich dachte erst, da wäre ich gut aufgehoben, aber wenn man bei denen mitspielen will, dann muss man zum Geburtstag mindestens eine Regenborgentorte backen. Sie wissen nicht, was das ist? Das ist eine Torte, die aus sechs aufeinander geschichteten Böden besteht, jeder in einer anderen Farbe des Regenbogens gefärbt, jeweils mit einer Trennung aus weißer Schokolade, mit Guss und Verzierung. Als ich so eine Regenbogentorte das erste Mal gesehen habe und den Mund nicht mehr zubekommen habe, stand die zuständige Mutter direkt dahinter und ich schwöre, die machte ein Gesicht wie ein Cowboy, der gerade den Rauch seines abgefeuerten Colts wegpustet. »Nehmt das!«, sagte ihr Blick.

Ich dachte, das wäre nicht zu toppen, aber die Mutter des darauf folgenden Geburtstagskindes buk 45 knallblaue Mini-Törtchen mit Augen aus Marzipanrohmasse, denen sie allen einen Schokokeks in den Mund schob, sodass die Muffins aussahen wie 45 kleine Sesamstraßen-Krümelmonster.

»Aaawwww,« riefen die Mütter und »Ooohh!,« riefen die Großeltern und »Iiiiieeehhh!«, machten die Kinder und ich dachte mir die ganze Zeit: Die hat sich echt hingesetzt und hat 90 kleine Augäpfelkugeln aus Marzipan geformt und 90 Schokotropfen als Pupillen in diese Augen gedrückt.

Zuerst dachte ich, mit mir stimmt was nicht: Was ist mit mir los? Liebe ich mein Kind nicht genügend? Fehlt mir da ein Gen oder sowas? Zu meinem ganz großen Glück fing ich den Blick einer anderen Mutter auf, und zwar einer *potenziellen Verbündeten*. Und dieser Blick sagte: Mit uns ist alles ok – aber vielleicht stimmt mit denen was nicht!

L. hingegen, meine Stimme der Vernunft, gab zu bedenken, dass es den Müttern eben Spaß macht, kulinarisch Großartiges zu zaubern (und eventuell sah er dabei ein klein bisschen wehmütig aus).

Inzwischen wundere ich mich nicht mehr. Ich bin abgebrüht, denn ich habe alles gesehen: Torten in Form von Polizeiautos und Prinzessinnenschlössern und sogar einen Wunderkerzen-Feuer speienden Drachen. Die gute Nachricht ist: Kinder freuen sich trotzdem noch über Smarties-Marmorkuchen und Gummibärchen als Dekoration. Wenn Sie also nicht zu denen gehören, die nächtelang Augäpfel rollen wollen oder eine Befriedigung darin finden, Origami-Namensschildchen auszuschneiden: Für die Kinder ist das völlig ok. Und was die anderen Mütter von Ihnen denken …

BASTELN

Es gibt so schöne Sachen, die man mit Kindern basteln kann. Praktisch zu allen Anlässen gibt es viele lustige Bastelideen. Ganze Zeitschriften und unzählige Internetseiten beschäftigen sich damit, das Angebot ist wirklich riesig und es ist schier unglaublich, wie viele Dinge man aus Klorollen machen kann … nur:

Ich kann basteln nicht ausstehen. Nicht an Ostern, nicht zu Weihnachten und auch zu sonst keinem Ereignis, ob jahreszeitlich oder sonst wie bedingt.

Auch vor dem Kind gehörte ich nicht zu den Menschen, die liebevoll mithilfe von Hanfschnüren, Farben oder sonstigen Hilfsmitteln alten Marmeladengläsern neues Leben einhauchen.

Ich mag es nur nicht, ich kann es auch nicht: Die Schmetterlinge, die ich mit dem Kind für den Kindergarten basteln sollte, sahen aus wie Slipeinlagen mit Flügeln, und meine Strohsterne zu Weihnachten wie etwas, das beim Ausmisten von der Mistgabel gefallen ist. Man kann sagen, auf den ersten Blick ist nicht festzustellen, wer von uns beiden für ein Kunstwerk verantwortlich ist: der Vierjährige oder ich. An einen unserer größten Reinfälle werde ich immer noch hin und wieder erinnert. Als ich nämlich mit dem Kind Weihnachtskarten basteln wollte und aus Doofheit dafür zwei Becher mit Glitzerstaub gekauft habe, einen in Silber, einen in Gold. Glitzerstaub, für die Unwissenden, ist so leicht wie Staub und er ist außerdem extrem anhänglich an allem, was keine Weihnachtskarten sind: Haare, Hunde, Haut und Textiles, zum Beispiel. Daran erinnert mich immer wieder ein unerwartetes Glitzern irgendwo und ich bin mir ganz sicher, wenn in hundert Jahren dieses Haus einmal abgerissen wird und darauf ein

Hochhaus entsteht: Ganz oben, in irgendeiner Spalte in einem Lüftungsschacht, wird es glitzern.

Die Ankunft des Kindes hat jedenfalls weder an meinem Talent noch an meiner Abneigung zum Basteln etwas geändert, insofern kann das Kind selbstverständlich stanzen, schneiden, kneten, stempeln, Weidenkörbchen flechten und so viele Marmeladengläser mit Hanfseil umwickeln, wie es will, und ich werde die Ergebnisse auch bewundern, aber die Oster-Eierbecher aus Klorollen und bunten Federn bastelt das Kind mit Jessica, einer begabten Kindergärtnerin. Ruft doch das Jugendamt.

Apropos Jessica:

KINDERGARTENSPAM

Kindergartenspam sind all diejenigen Dinge, die das Kind im Kindergarten bastelt und mit nach Hause bringt. An sich eine tolle Sache und ich weiß die Freude am Schenken des Kindes durchaus zu würdigen, da gibt es nur eine Sache: Ich weiß, der Vierjährige kann noch nicht sehr gut basteln und malen. Andere Kinder sind da vielleicht anders, aber wenn meiner ein Bild malt, kann es sich dabei um alles handeln – und damit meine ich wirklich alles. Wenn das Kind einen Hund malt, macht es ein paar Kreise aufs Papier, dreht das Papier um und mach dort noch einen Kreis: das ist der Schwanz. Der ist ja schließlich hinten am Hund dran, also kommt er auch hinten aufs Papier drauf. Total logisch, köstlich, niedlich – aber, sagen wir, *gestalterisch ausbaufähig*.

Völlig irritierenderweise bringt das Kind jedoch Sachen aus dem Kindergarten mit nach Hause, die absolut großartig aussehen: Knet-Tiere, die man erkennen kann! Mit Augen (und Pupillen!), perfekt geklebte Kugeln auf perfekt ausgeschnittenen Papier-Christbäumen und Strohsterne, die mit einem hauchdünnen Zwirn verknotet wurden. Ich weiß also, wer diesen ganzen Spam eigentlich fabriziert: Jessica, die Kindergärtnerin!

Und verstehe mich niemand falsch, ich weiß zu schätzen, dass sie sich so reinhängt, immerhin muss sie ja für 19 Kinder die Basteltier-Pupillen ausschneiden und Zwirn knoten, aber vielleicht ist es gar nicht unbedingt nötig, alles, was Jessica bastelt, bei uns zu Hause auszustellen.

WARUM?

Niedlich, dieses Alter, in dem die Kinder soviel fragen. Totaaal niedlich. Ich würde auch niemals behaupten, man sollte sich das »Warum?« am Arsch vorbeigehen lassen. Nur – also, wenn Sie einen Tag hinter sich haben, an dem Sie schon erklärt haben, warum man nach dem Toilettengang spült, warum man nicht nur mit der Raketenunterhose bekleidet in den Kindergarten geht, warum Menschen keine Flügel haben und warum Regen nass macht, wenn Sie schon ausführlich dargelegt haben, warum Schuhe eine sinnvolle Erfindung sind, warum man nicht Peppa Wutz schauen soll, bis man einschläft, warum Nachtisch nicht vor dem Essen gegessen wird und warum Kinder überhaupt ins Bett gehen sollen – also wenn Sie dann keinen Bock mehr darauf haben, die Flipchart aufzustellen und zu erklären, warum es nachts dunkel ist, aber trotzdem Antworten wie »Weil halt ...Weil halt« vermeiden wollen, habe ich hier eine 1a Empfehlung für Sie: Bemühen Sie sich um eine exakte Erläuterung, und zwar so detailliert, physikalisch korrekt und tiefgreifend, wie Sie nur irgend können. Ihr Kind wird nach wenigen Minuten abwinken oder einschlafen.

»INKONSEQUENZ«

Manchmal starren mich völlig Fremde an, einfach weil ich nicht so reagiere, wie sie sich das vorstellen. Das passiert zugegeben auch ohne Kind hin und wieder (besonders in Verbindung mit Alkohol), aber mit Kind passiert es deutlich öfter. Ich weiß auch: In den seltensten Fällen starren Leute, weil sie etwas gut finden. Im Gegenteil, das Starren ist oft die nonverbale Art, Missfallen kundzutun, getoppt wird es manchmal durch ein Kopfschütteln. Mit dem Kind passiert das oft dann, wenn selbiges Kind und ich nicht einer Meinung sind. Überraschung: Das sind wir relativ häufig. In der Regel setzte ich mich aber durch und es kommt vor, dass das Kind mit meiner Entscheidung nicht nur nicht einverstanden ist, sondern sich an den Rand eines Nervenzusammenbruchs bugsiert. Zum Beispiel, wenn es im Supermarkt kein Überraschungsei bekommt. Oder wenn ich das Brot falsch – also längs statt quer durch schneide (oder anders herum, das wechselt) oder wenn es nicht aus dem Klo trinken darf.

Das alles können Auslöser dafür sein, dass das Kind nach vorne klappt und schreiend seinen Unmut über diese maßlose Ungerechtigkeit kundtut. Das zieht ab einer gewissen Lautstärke, wenn man gerade in der Öffentlichkeit unterwegs ist, die Aufmerksamkeit Außenstehender auf sich. Jetzt weiß ich aber, dass das Kind noch nicht fertig gewachsen ist, was zum einen zur Folge hat, dass es deutlich kleiner ist als Erwachsene und zum anderen, dass in seinem Hirn der Präfrontale Cortex noch nicht so arbeitet, wie er soll. Dazu müssen sie noch etwas wachsen, das Kind und der Cortex.

Dieser Cortex ist die vernünftige Stimme, die Erwachsene davon abhält, nach vorne zu klappen und laut zu weinen, wenn es in der Kantine keine Pizza gibt oder wenn die hübsche Kollegin nicht mit einem ausgehen will. Anders gesagt: Das Kind ist in Selbstkontrolle noch nicht so gut. Das wird aber noch, heißt es. Und ich sage es mir auch immer wieder vor – zum Beispiel im Supermarkt vor dem Regal mit den Überraschungseiern und dem heulenden Kind. Am liebsten würde ich es auch allen anderen Leuten sagen, die kopfschüttelnd auf das Kind sehen, wenn es vor Verzweiflung schluchzt und aus dem Tal der tiefen Trauer um das Überraschungsei nicht herauskommt. Ich bin aber damit beschäftigt, es zu trösten, um ihm aus ebendiesem Tal herauszuhelfen, denn alleine kann es das (wegen der Sache mit dem Präfrontalen Cortex) noch nicht so gut. Der Meinung einiger Passanten nach müsste ich das Kind entweder:

a) ignorieren oder

b) schimpfen

von c) will ich gar nicht reden. Ich bin mir ziemlich sicher, dass weder a) noch b) das Kind besser beruhigen als mein Trösten, weswegen ich immer für Trösten bin. Das wäre aber inkonsequent, heißt es. Konsequent ist es, Nein zu sagen und das Kind brüllen zu lassen. Ich verstehe nicht, warum ich nicht konsequent sein kann, im Sinne von: Ich kaufe trotz Weinen kein Überraschungsei, ihm andererseits aber nicht helfen soll, mit seinen Gefühlen zurechtzukommen. Insofern: Passanten, insbesondere deren Hinweise auf inkonsequentes Verhalten meinerseits: am Arsch vorbei.

LÄUFT AUS, FÄLLT UM, GEHT ZU BRUCH

Ärgern Sie sich nicht über alles, was ausläuft, umfällt und zu Bruch geht. Ärgern Sie sich auch nicht über all die Dinge, die durch das Auslaufen, Hinunterfallen und zu Bruchgehen kaputtgehen. Wenn Sie mit dem Baby aus dem Krankenhaus nach Hause kommen, dann sehen Sie sich am besten noch einmal gut um und nehmen innerlich Abschied von allem, was Sie sehen. Macht es gut, Stereoanlage und Computer-Tastatur! Es war schön mit dir, Vase von Oma und Porzellanpuppe, danke für die gute Zeit liebe Jugendstillampe, ich hatte euch gern, aber unsere Wege werden sich vermutlich bald trennen. Finden Sie sich gleich mit dem Verlust ab, dann kommt es später nicht so dicke.

EIN GANZ SCHÖNER TERZ

Wenn ein Mitmensch sagt, man mache einen *ganz schönen Terz* um jemanden oder etwas, dann meint der damit, man betreibe seiner Ansicht nach zu viel Aufwand. Eltern, besonders Müttern, wird gerne so ein ›ganz schöner Terz‹ vorgeworfen, sobald sie etwas an oder mit oder für ihr Kind tun, das der freundliche Mitmensch nicht tun würde, zumindest nicht, wenn er an der Stelle der Eltern wäre.

Alleine, dass der Mitmensch es für erwähnenswert hält, darüber zu informieren, was er selbst tun oder nicht tun würde und was er für übertriebenen Aufwand hält, ist – komisch. Auf andere Lebensbereiche übertragen: Ich sage doch auch niemandem »Für mein Empfinden machst du einen ganz schönen Terz um deine Zähne!«, nur weil derjenige vielleicht seine Beißerchen länger schrubbt als ich. Man sagt auch nicht: »Du machst aber einen ganz schönen Terz um deine Oma!«, nur weil derjenige seine Oma vielleicht öfter als nötig besucht, für sie einkaufen geht, ihr vorliest, und ihr von Herzen gerne diese Freude macht. Komische Vorstellung, oder? Dass man etwas kritisiert, was jemand gerne für jemand anderen tut? Ich mache jedenfalls jede Menge schöne Terze wegen dem Kind. Wunderschöne Terze sind das, zum Beispiel mache ich einen besonders schönen um das Zubettgehen. Ich kuschle mich dann zu dem Kind, lese ihm noch eine Geschichte vor und es erzählt mir dann noch, was ihm vom Tag so auf der Seele liegt. Würde ich das nicht tun, hätte ich nie erfahren, dass mein Kind in Clara aus der Wolkengrupe verliebt ist – um nur ein Beispiel zu nennen. »Ihr macht einen ganz schönen Terz« heißt es dann, wenn ich zugebe, das Kind nicht ins Bett zu stecken und – Zack – Licht aus. »Ja,« muss ich da grinsen, »das ist wirklich ein sehr, sehr schöner Terz.«

NUDELN OHNE ALLES UND REIS OHNE ALLES

Es gibt ein paar ganz große Lügen in diesen schlauen Büchern über Kinder und viele beschäftigen sich mit der Thematik Essen. Angeblich, so sagen die nämlich, »orientiert sich das Kind in den ersten Lebensjahren an den Ernährungsgewohnheiten der Eltern.« Ha. Ha. Ha. Ich schwöre Ihnen, meine Ernährungsgewohnheiten und auch die von L. sehen zu keiner Mahlzeit an keinem Tag vor: Nudeln ohne alles.

Ich stelle mir das auch immer bei anderen Eltern vor, deren Kinder auch gerade nur Nudeln ohne alles oder in Variation Reis ohne alles essen: Gehen diese Ratgeberbücher wirklich davon aus, dass in deutschen Haushalten abends eine sagt: »Schatz, was wollen wir heute essen?« Und der andere antwortet: »Wie wäre es mal wieder mit ein paar schönen Nudeln ohne alles? Das hatten wir lange nicht mehr!« Im Ernst: Kinder orientieren sich an den Ernährungsgewohnheiten ihrer Eltern lediglich dahingehend, dass sie sich durch die Aufnahme von Nahrung am Leben erhalten. Ob das eigene Kind nun Brokkoli isst oder nicht, hängt zu einem riesig großen Teil einfach davon ab, wie das Kind gestrickt ist – und nicht wie die Eltern gestrickt sind. Schon klar, ist kein Brokkoli im Haus oder kommt er nicht auf den Tisch, sinkt die Wahrscheinlichkeit diesen zu essen gegen Null, aber auch wenn er auf dem Tisch steht, einer der Eltern die Zubereitung toll beherrscht und die ganze Familie am Tisch sitzt, Brokkoli in sich hineinstopft und »Hmmm, lecker!« macht, heißt das noch lange nicht, dass das Kind nicht auf Nudeln ohne alles besteht. Pech. Das geht auch wieder vorbei – das ist die einzige Info, die zählt und je entspannter man das Essen betreibt, desto weniger verwandelt sich der Mittagstisch in eine Art Gaza-Streifen mit Gemüse.

DAMPFGAREN

Lassen Sie sich bloß von niemandem einreden, Sie müssten dampfgaren (siehe Nudeln ohne alles). Und wenn hundertmal in allen Foren steht, wer nicht dampfgart, kann sein Kind eigentlich gleich mit einem nassen Handtuch erschlagen: Sie müssen nicht dampfgaren. Ich sag Ihnen was: In ein paar Jahren wird irgendein Wissenschaftler herausfinden, dass dampfgegartes Gemüse gar nicht so gut ist und im Übermaß zu irgendeinem Dingsbums führen kann. Können Sie sich noch daran erinnern, was das für ein Hallo war wegen dem grünen Spinat? Wie wir als Kinder gequält worden sind mit der grünen Pampe, bloß weil der angeblich so toll viel Eisen enthielt? Gibt es irgendjemanden, der kein Kinderfoto von sich hat, auf einem Hochstuhl und mit grünem Brei überall, weil man den sofort wieder ausgespuckt hat? Und dann kam die Nachricht, man hätte sich damals bei der Kommastellung vertan und Spinat wäre gar nicht soo gesund …

Die Trends sind wankelmütig und die Herausfindungen der Wissenschaftler sind nicht in Blei gegossen. Wer das nicht glaubt, kann sich online Diskussionen ansehen, die ein paar Jahre alt sind, das ist toll. Vor zehn Jahren gab es die Riesendiskussion, ob man das Getreide für den Babybrei selbst schroten sollte. Sie vermuten es: Unbedingt sollte man das! Außerdem musste man sich einarbeiten in die Getreidesorten, wo man diese kaufte, wie man das Getriede einlegte, kochte und mahlte! Sollte es Bio-Getreide sein oder Hauptsache keimfähig? Welche Getreidemühle ist nötig und sollte der Brei mit verdünnter Kuhmilch, mit PRE-Milch oder gar nur mit Wasser gekocht werden?

Hätten die gewusst, dass es ein paar Jahre später heißt, Babybrei soll man gar nicht füttern und Getreide ist eh der Tod – da hätten sie sich gar nicht so reinhängen müssen! Also falls Sie nicht sicher sind, ob Sie das Kondenswasser einarbeiten sollen, weil da die Vitamine drin sind, welche Gemüsesorten Sie mischen sollten und wie das Mischungsverhältnis zu Beilagen sein muss und ob die Vollkorn sein sollen: Entspannen Sie sich. Sie machen es eh verkehrt und in ein paar Jahren wird sich herausstellen, dass dampfgaren das Schlimmste ist, das Sie Ihrem Baby antun können.

ESSEN

Nachdem ich nun schon gestanden habe, dass ich nicht dampfgare, kann ich gleich noch eins draufsetzen: Bei uns gibt's Schokomüsli zum Frühstück. So, da haben Sie's. Vermutlich steht morgen das Jugendamt vor der Tür wegen akuter Gefährdung des Kindswohls …

Im Müsli ist Schoko, das Brot ist wabbeliger Toast statt Vollkorn und Sie glauben nicht, was ich letztens in unserem Backofen verbrochen habe: Tiefkühlpizza. Und nein, die war nicht Bio mit Birne und Ruccola, sondern Dr. Oetker mit Schinken und Champignons.

Ich persönlich finde das alles nicht schlimm – also mir fallen zumindest auf der Stelle ein paar viel, viel schlimmere Sachen ein – zumindest solange unsere Ernährung ansonsten so einigermaßen mit dem übereinstimmt, was jetzt auch das, sagen wir, Bundesministerium für Ernährung so empfehlen könnte. Leider stehe ich damit alleine da. Keine Ahnung, ob das Bundesministerium für Ernährung das weiß, aber: Die echten Experten sitzen bei uns auf den Bänken des Spielplatzes um die Ecke. Vielleicht sollte man die mal zusammenbringen.

VOR-DEM-FERNSEHER-PARKEN

Ganz schlimm, oder? Wenn man die Kinder einfach so, per Knopfdruck quasi, ausschaltet? Wenn man sie gewissenlos diesem fiesen Schwein Peppa Wutz überlässt, nur weil sie wahnsinnig nerven und man mal zwanzig Minuten seine Ruhe haben möchte, WEIL MAN SONST NÄMLICH EINEN VOGEL KRIEGT!
Ein Halleluja auf das Fernsehen.

PÄDAGOGISCHES SPIELZEUG

Man halte mich für spießig, aber ich dachte immer, Spielzeug ist zum Spielen da. Weit gefehlt! Seit ich in Spielzeugläden ein- und ausgehe, weiß ich: Spielzeug ist zum Fördern da. Das Neugeborene ist noch nicht ganz trocken gerubbelt, da bekommt es schon Zeug, ›um die motorischen Fähigkeiten zu erlernen und weiterzuentwickeln‹. Es wird ›spielerisch gefördert‹ und ›spielerisch herangeführt‹ und was mal ein Einkaufsladen für Kinder war, ist nun ›ein idealer Ort, um Rollenspiele pädagogisch umzusetzen‹.
Dabei ist es mir piepegal, ob ein Geschenk für ein Kind pädagogisch wertvoll ist oder nicht. Oder ob es aus hochwertigen Hölzern und ohne künstliche Klebstoffe von zertifizierten Bio-Nonnen in der Manufaktur geklöppelt wurde.

Ein Geschenk für einen Drei- bzw. inzwischen Vierjährigen darf wegen mir aus Plastik sein, quietschbunt und es darf Krach machen. Ich finde Holz auch schöner, keine Frage, und ökologischer sowieso und besser zu unserem Holzboden würde es auch passen, aber ein Spielzeug ist nicht das richtige für ein ökologisches und ästhetisches Statement. Von mir aus muss das Kind auch nicht groß gefördert werden oder von seinem Spielzeug irgendwas lernen. Es soll einfach nur Spaß machen. Ich weiß, verrückt. In der Kinderabteilung der Buchhandlung suche ich mir regelmäßig einen Wolf nach fantasievollen, tollen Büchern. Meistens ist das Buch für irgendwas gut: Das Kind soll lernen, wie man sich richtig verhält (*Ich gehe nicht mit Fremden mit*), wie man sich sozial verhält (*Wohin mit meiner Wut*) oder es geht richtig zur Sache, mit dem *Kindergartenblock: Übungsmaterial für Kindergarten und Vorschule*. Ich will dem Kind aber nicht permanent irgendwas beibringen, ich will dem Kind nur eine Freude machen und zwar eine möglichst große. Deswegen habe ich auch nicht aufgegeben und mir (fast) jedes Buch der Kinderabteilung angesehen. Aber wenn eine freundliche Buchhändlerin kommt und mich fragt: »Was gefällt Ihrem Kind denn?« und ich sage: »Drachen!«, dann kommt sie mit sowas wie:

Der kleine Drache Kokosnuss – Erste Konzentrationsübungen (Lernspaß-Rätselhefte, Band 5)

Das ist doch Kacke. Ich will auch kein Buch, wo der Drache nicht mit Fremden mitgeht oder mit seiner Wut klarkommen muss. Ich will ein Buch ganz nach dem Geschmack des Kindes und da kämpfen Drachen gefälligst und sind gefährlich und einer von beiden muss stärker sein und gewinnen – und zwar ohne, dass er den anderen absichtlich gewinnen lässt oder eine ähnliche sozialpädagogische Nummer abzieht. Pädagogisches Spielzeug … Sie wissen schon.

WASSER

… ist im Restaurant auch mal eine Fanta. Verrückt.

NICHT DRÄNGEN …!

Mit Kindern entdeckt man ja die Wunder der Natur noch mal ganz von vorne. Man hält ein und beobachtet plötzlich wieder eine Ameisenstraße oder sich paarende Käfer oder wie Maden sich aus einer toten Maus herauswinden. Und zwar morgens, kurz vor acht. Bei Regen. Auf dem Weg zum Kindergarten, während man selbst in die Arbeit muss.

Auch vorzugsweise morgens um acht auf dem Weg in den Kindergarten beschließt das Kind seiner spielerischen Entdeckungslust nachzugehen und in allen Büschen nachzusehen, ob dort vielleicht ein Piratenschatz liegt oder vielleicht sogar noch eine tote Maus! Oder es versucht herauszufinden, ob es den ganzen Weg zum Kindergarten rückwärts auf einem Bein hüpfen kann. Diesem Zauber gilt es sich hinzugeben, heißt es, und die Kinder nicht zur Eile anzutreiben oder unter Druck zu setzen. Im Gegenteil, von den Kindern könne man lernen das Jetzt zu genießen und den Moment bewusst wahrzunehmen. Morgens, kurz vor acht, auf dem Weg zum Kindergarten. AAAAAHHHHHH! Fallen Sie auf den Scheiß nicht rein. Man beraubt die Hosenscheißer nicht ihrer Kindheit, nur wenn man drängt, mahnt, besticht oder sonst wie zur Eile antreibt. Morgens, kurz vor acht. Man kann auch am Nachmittag noch den Zauber der Natur entdecken.

WAS MAN IMMER ALLES DABEI HABEN MUSS

Es gibt Dinge, die man mit Kind dabei haben muss. Eine Brust, zum Beispiel, falls man stillt, oder ein Fläschchen. Das lernt man relativ schnell, und zwar gleich zu Beginn. Ohne Feuchttücher und Ersatzwindel aus dem Haus zu gehen, das passiert einem nur einmal. Je nach Kind kann es ein ähnlich großer Fehler sein, ohne den Schnuller oder das Schnuffeltuch unterwegs zu sein, und das lautstarke Gebrüll des armen Kindes brüllt einem direkt ins Herz:

»Du bist die schlechteste Mutter aller Zeiten!« Vielleicht haben da einige Mütter eine traumatische Erfahrung gemacht, denn anders kann ich es mir nicht erklären, was da alles an Equipment mitgeschleppt wird. Deswegen haben die perfekten Mütter nicht nur Windel und Feuchttücher in der Handtasche, oder eine Tasche um den Henkel des Kinderwagens baumeln, nein: Wer anständig ausgestattet sein will, hat einen dreirädrigen Riesenbuggy dabei, wahlweise zum Wandern oder fürs Fahrrad hintendran, in dem man auch mal ein paar Kästen Bier transportieren könnte. Leider sind da aber nie ein paar Kästen Bier drin, sondern außer Lukas-Lena alles, was man für eine Auswanderung auf eine einsame Insel brauchen könnte: eine große Decke, Tücher, feuchte und trockene für alle Körperregionen, unparfümiert und Allergie getestet und welche zum desinfizieren. Außerdem Klamotten zum Wechseln, auch zwei Größen größer, falls das Kind überraschenderweise spontan wächst, Nahrung in jedweder Form, flüssig, fest und vermutlich auch gasförmig, das komplette 24-teilige Sandspiel-Set und Cremes. Cremes gegen die Sonne, gegen die Mücken, gegen trockene Haut und gegen wunden Po, Pflaster, Globuli und Mützchen für das eigene Kind und ein paar als Ersatz, vorsichtshalber. Vermutlich ist unter dem gefalteten Regenschutz auch noch ein Feuerlöscher versteckt. Vorsichtshalber, versteht sich.

Eine sehr kurze Zeit lang dachte ich, das müsste so. Ich bemühte mich, diesen ganzen Kram immer und überall dabeizuhaben. Ich habe den tonnenschweren Kinderwagen durch Wald und Heide geschoben und hätte ohne Weiteres am Spielplatz eine ordentliche Zeltlstadt aufschlagen können. Tatsächlich befand sich aber immer das, was gerade gebraucht wurde, nicht in meinem tonnenschweren Potpourri. Ich hatte immer das falsche Spielzeug dabei, die Kekse waren aufgeweicht und die Creme ausgelaufen, und das 24teilige Sandspiel-Set hatte sich auf zwei schnöde Förmchen reduziert. An meiner Decke hingen so kleine Kletten, die furchtbar piekten und die Ersatzklamotte für das Kind war in dem Moment, als sie mal zum Einsatz kommen sollte, zu klein geworden.

Insofern: Solange Sie DEN Schnuller oder DAS Schnuffeltuch dabeihaben, kann nichts passieren. Im Zweifelsfall fragen Sie ruhig eine der Mütter mit dem vielen Krimskrams nach was auch immer: Die haben das nicht nur ganz sicher dabei, sondern freuen sich auch noch, dass es einen Sinn hatte, es mitzunehmen.

NEIN BLEIBT NEIN

Machen wir uns nichts vor: Ein Nein kann sich durchaus in ein Ja verwandeln. Zum Beispiel, weil man Argumente hört, die Sinn ergeben und den Sachverhalt ändern. Das ist zugegeben eher unwahrscheinlich bei einem Nein gegen den Wunsch des Kindes aus dem Klo zu trinken – zumindest kann ich mir kein Argument vorstellen, das meine Entscheidung dahingehend ins Wanken bringen könnte. Generell kann man sagen, dass ich bei meinem Nein bleibe, wenn das Kind einen Wunsch äußert, der:

- es töten oder verletzen könnte
- andere töten oder verletzen könnte
- einen Polizeieinsatz provozieren könnte
- zu einem öffentlichen oder privaten Ärgernis ausufern könnte

Es gibt aber jede Menge Dinge, die sind durchaus verhandelbar. Über alles was mit »noch fünf Minuten« zu tun hat zum Beispiel, oder mit »noch zwei Bissen«. Es gibt auch Verbote und Gebote, die kippen, einfach weil sie ja aus einem bestimmten Grund ausgesprochen werden und nicht »Weil ich es sage«.

Wenn das Kind diesem Grund etwas entgegensetzen kann, warum sollte ich dann bei einem Nein bleiben? Zugegeben, ich habe jetzt ein Kind, das permanent mit mir diskutieren will, aber hey! Das Kind diskutiert! Verhandelt! Vielleicht wird es mal UNO-Generalsekretär!

JEDE MINUTE GENIESSEN

Sie kennen doch das Bild, wenn eine Mutter selig lächelnd auf ihr Baby sieht, das gerade an ihrer Brust liegt? Wie sie ihm während des Stillens sanft über das Gesicht streicht und sich nicht satt sehen kann an diesem Wunder? Eine magische Einheit, heilig und innig. Sie haben selbst ein Baby? Traumhaft. Genießen Sie jeden Moment, es geht so schnell vorbei.

Und haben Sie kein schlechtes Gewissen: Jede Mutter weiß, dass Sie in Ihrer anderen Hand ein Smartphone halten, um, zumindest solange das Kind an der Brust liegt, endlich mal Nachrichten statt das Baby anzugucken.

MITMACHEN

Das wird Sie freuen zu hören: Man muss gar nicht jeden Quatsch mitmachen! Auch nicht, wenn man von Erzieherinnen oder anderen pädagogischen Fachkräften dazu aufgefordert wird! Ich habe nachgesehen: Es steht nirgends geschrieben, dass man sich strafbar macht, wenn man *nicht* in die Hände patscht und debile Lieder singt. Allerdings beinhalten die meisten Veranstaltungen für Eltern und Kind genau das. Obwohl ich das mit dem Klatschen und den debilen Liedern schon befürchtet habe, bin ich dennoch in einen so genannten PekiP-Kurs gegangen. Das ist der erste Kurs, den ein Kind so besuchen kann. Prager-Eltern-und-Kind-Programm heißt das und kurz gesagt grabbelt und knuddelt man dabei an dem nackten Baby herum. Also etwas, das man zu Hause eh macht, nur dass es hier Geld kostet und noch andere Eltern (Mütter, sagen wir es, wie es ist) mit ihren Babys dabei sind. Ungeachtet der Tatsache, dass die Babys diesen Kurs im ersten Lebensjahr absolvieren und somit noch kein einziges Wort verstehen, werden dort Fingerspiele und Lieder mit solch abstrus hirnverbrannten Texten gesungen, dass man es nicht fassen kann. Ich weiß das, denn ich wollte mein Baby damals auch seinen ersten Kurs besuchen lassen. Frühförderung ist schließlich alles. Und dann saßen wir da. Acht Muttis zwischen Ende zwanzig und Ende dreißig, alle aus verschiedenen Berufen: eine Zahnärztin, eine Verkäuferin, eine Softwareentwicklerin, eine Werbetexterin, eine Stylistin, eine Anwältin, eine Ernährungswissenschaftlerin und eine Autorin. Und wir sangen unter Anleitung der Hebamme:

Guten Tag, guten Tag, wir winken uns zu.
Guten Tag, guten Tag, erst ich und dann du.
Der Lukas ist da, die Laura ist da, der Max ist da, fiderellalala.
Die Lena ist da, der Valentin ist da, wir alle sind da, fiderallalala.

Alle standen im Kreis und hielten ihre Kinder vor sich, und wenn reihum der Name jedes Kindes fiel, beugten sich alle in dessen Richtung und die Hebamme kitzelte es am Bauch. Dabei grinsten alle so breit, dass einem Himmelangst werden konnte. Die sind einfach alle verrückt, fiderallala, dachte ich mir und wippte unruhig hin und her. »Sing doch mit!«, forderte mich die engagierte Hebamme auf, die permanent eine Millisekunde neben dem Takt mitklatschte. »Dein Baby freut sich!« Ich musste an die 95 Euro denken, die jede der anwesenden Mütter hier gelatzt hatte – vermutlich waren die Babys nicht die einzigen, die sich hier freuten. Kurzum: Das Kind und ich haben nicht bestanden.

Ich habe auch im Kindergarten den legendären Krokettentanz nicht mitgemacht, bei dem man sich, wie eine Krokette in der Panade, liegenderweise mit angelegten Armen durch den ganzen Kindergartenraum rollen muss. Das hätte man im Rahmen einer Eltern-Kind-Tanzstunde dort machen sollen und ich argwöhne bis heute, dass nur einfach die Reinigungskraft, die den Boden sonst saubermacht, ausgefallen war und nach günstigen Alternativen gesucht wurde. Weil mir Absagen eher schwerfallen, mache ich das mit einem Trick: Ich schiebe es auf mich. Das Angebot meines Gegenüber ist natürlich reizend und ich würde so gerne – aber es tut mir leid, ich kann sowas nicht, da bin ich zu *verklemmt*. Oder das *ist nicht meins*. Oder *ich bin einfach nicht so die Krokette*.

Es liegt auf jeden Fall an mir, das gibt mir die Schuld und damit bin ich vertraut, da fühl ich mich wohl. Probieren

Sie es ruhig aus, wenn Sie die Theateraufführung Ihrer Gören unterstützen sollen, indem Sie auf der Bühne einen sprechenden Esel geben. Es lohnt sich!

AUTOFAHREN

Eine kurze Aufstellung von Dingen, die ich für das Projekt *Autofahren mit Kind* mitgenommen habe, damit ihm die Reise von zwei Stunden nicht zu langweilig wird:

- Ein bis drei Bücher
- Spielsachen, verschiedene
- Wasserflasche, Sandwiches, geschnittenes Obst und eine Großmarkt-Packung Gummibärchen für Notfälle
- Ein Hörbuch
- Das Handy, zum Fotos oder Filmchen ansehen
- Ein Kuscheltier

… und vermutlich noch einige andere Dinge, die ich inzwischen vergessen habe. Ich tue das nicht mehr. Kurz bevor ich nämlich ein schlechtes Gewissen bekam, weil ich keinen dieser Bildschirme hatte, die man auf der Rückseite der Vordersitze befestigen kann und mein Kind nicht Harry Potter schauen konnte, fiel es mir wieder ein: Wir fuhren als Kinder zu dritt auf die Rückbank gequetscht in einem froschgrünen Opel Escort bis nach Griechenland – vierzig Stunden mindestens! Als Verpflegung gab es Käsebrote und wir Kinder malten uns Gesichter auf die Hand und spielten mit denen Theater. Und wenn das zu langweilig wurde, sahen wir aus dem Fenster. Was war nur aus dem guten alten aus-dem-Fenster-Sehen geworden? Ich kann mich erinnern, dass ich dieses Vorbeiflitzen der Landschaft geliebt habe, und jetzt raten Sie was: Das Kind liebt es auch. Klar, Harry Potter hätte es vermutlich noch mehr geliebt, aber es ist nicht nötig.

BEURTEILUNG UND EINSCHÄTZUNG DER KINDERERZIEHUNG VON KINDERLOSEN FREUNDINNEN ODER PAAREN

Es ist ein bisschen wie beim TÜV, wenn kinderlose Freundinnen oder Paare zu Besuch sind und am Ende eines gemeinsamen Tages sagen: »Also euer kleiner Maximilian-Ole ist schon ganz schön wild/eigensinnig/gut beieinander!« Woraufhin auch meist eine Analyse kommt, warum das vermutlich so ist und vor allem: wer das besser macht. »Also die Gabi ist da viel konsequenter, die … blablabla.«

Und da sitzt man dann und hört sich an, wie Gabi das macht und warum Gabis Kinder viel mehr oder weniger irgendwas machen oder tun als die eigenen. Das fühlt sich dann ein bisschen so an wie früher in der Klasse, als man die Hausaufgaben zurückbekam und die Lehrerin vorne beim Verteilen ausgiebig Gabis Arbeit vor der Klasse lobte. Da fängt man fast automatisch damit an, kleine Papierkügelchen zu Geschossen zu kauen. Zur Verteidigung unserer kinderlosen Freundinnen und Paare sei gesagt: Sie wissen es halt nicht besser. Sie wissen nicht, dass Gabis Kinder an einem Tag engelgleich sind, ihrer Mutter folgen und bei einem pädagogischen Griff genauso reagieren, wie man sich das logischerweise vorgestellt hat – und an anderen Tagen Ausgeburten der Hölle. Es gibt Tage, da verwandelt genau der gleiche pädagogische Griff, der gestern funktioniert hat, das Kind in einen tobenden, beißenden Wutbatzen. So, als hätte man auf einen Gremlin Wasser geschüttet. Derweil hat man nichts anders gemacht als gestern! Das Einzige, was einen da besänftigt ist das Wissen: Bei Gabi ist das haargenauso! Ich weiß das, Gabi weiß das – aber das weiß man eben nicht, wenn man selbst keine Gremlins zu Hause hat.

WIR, DIE BLOCKADE

Es gibt eine Sache, die war mir im täglichen Allerlei mit Kind in der Öffentlichkeit immer unangenehm: nämlich, dass ich all meinen Mitmenschen permanent im Weg stehe. Das fing mit dem Kinderwagen schon an, mit dem man schmale Bürgersteige praktisch komplett abriegelt, und wenn man mit selbigem in einen Bus oder eine Metro einsteigt, dann bilden sich bei erhöhtem Mitmenschenvorkommen unangenehm große Mitmenschen-Bätzchen hinter einem. Nicht zu reden von denen, die wegen des Kinderwagens überhaupt nicht mehr in den Waggon oder in den Bus passen oder sich verbiegen müssen. Egal, wo wir sind, wir beanspruchen viel Platz und machen Umstände. Ob in Bus und Bahn oder in der Metro. Wegen uns kann die mit dem Rollstuhl nicht mit in den Aufzug und die Omi mit Stock auch nicht. Das ist so unangenehm, dass ich ihr fast einen Platz im Kinderwagen anbieten möchte. Auf dem Radweg sind wir ein fahrendes Hindernis, denn wir sind langsam, der Kindersitz ist breit und die Jungs mit den stromlinienförmigen Helmen und den Rennrädern hassen uns. Wegen uns wir der Skilift angehalten und hundert Leute warten schaukelnd in der Luft, bis wir das Kind rausgehievt haben, und der Autofahrer, der auf unseren Parkplatz wartet, kann noch ganz in Ruhe ein Buch lesen – bis ich nämlich das Kind angeschnallt habe und aller Kram im Auto verstaut ist, dauert es ein paar Jahre. Während ich das Kind anschnalle, müssen außerdem die Radfahrer eine Kurve um die offene Autotür und meinen Hintern fahren, die ragen nämlich beide in den Radweg hinein. Wir brauchen extra lange an der Kasse (»Doch, du MUSST die Gummibärchen aufs Band legen!«) und wir sind die zwei Hindernisse, die sich morgens zu Fuß im Schneckentempo Richtung Kindergarten bewegen, während um uns herum ein Fluss an Menschen strömt, die es alle eilig haben. Es ist ein Dilemma, wenn man zum einen keine Umstände bereiten möchte, aber gleichzeitig ein wandelnder Umstand ist. Mir hat aus dieser Situation ein extrem unangenehmer Mitmensch herausgeholfen, wofür ihm eigentlich Dank gebührt. Dieser extrem unfreundliche Mitmensch, nennen wir ihn der Kürze halber *der Arsch*, hat in einer klassischen Metro-Kinderwagen-Einstieg-Situation genervt gezischt: »Immer diese Kinderwägen!«, hat gedrängelt und als er neben dem Kinderwagen zum Stehen kam, selbigem mit seiner Computertasche einen knackigen Schubs verpasst. Ich weiß, der Schubser war nicht beabsichtigt. Trotzdem hat dieser Schubser ausgereicht, um etwas zu wecken, das bis dahin sorgsam angeleint war: das MUTTERTIER.

Ich habe dieses Tier schon vorher kurz kennengelernt, in Form eines plötzlich ausgebrochenen Liebe-Beschützergefühls, das größer war als jedes andere Gefühl, das ich bis dato kannte. Es ist auch dafür verantwortlich, dass ich das Kind niemandem geben wollte, nicht für eine Stunde, nicht für eine Untersuchung und nicht für einen Augenblick, und auch dafür, dass ich dem zweijährigen Nachbarsjungen im ersten Moment am liebsten eine geschmiert hätte, als der das Kind zwickte und es anfing zu weinen. Wegen der Sache mit dem Nachbarsjungen und weil es echt unpraktisch ist, das Kind nicht abzulegen hin und wieder, habe ich beschlossen, das Muttertier an die Leine zu legen. Ich finde ja generell, dass der Verstand gute Arbeit leistet und wollte das Feld nicht einem kraftvollen Gefühl überlassen. Das hat auch gut geklappt, vielleicht zu gut. In dem Moment aber, als *der Arsch* in unser Leben trat, riss sich das Muttertier brüllend frei und sprengte alles, was ich ihm angelegt hatte. *Der Arsch* muss es kommen gesehen haben und ich hatte schon Mitleid mit ihm, bevor es ihn traf, das Muttertier. Es bahnte sich seinen Weg und brach in all seiner Pracht aus mir heraus: Mit der irren Fratze eines Psychopathen spuckte das Muttertier von der U-Bahn-Station Marienplatz bis zum Sendlinger Tor Gift und Galle, und stellte im überfüllten Waggon Vermutungen über seine Kinderstube an. Das brachte ihm einen hochroten Kopf und mir einen spontanen Szenen-Applaus. Viel später, als ich wieder zu Hause war und das Muttertier längst wieder friedlich an seiner Kette schlief, merkte ich, dass es mir noch etwas gebracht hatte: Es hatte mir klargemacht, dass uns all der Platz, den wir brauchen, zusteht. Und auch die Zeit, die wir benötigen. Das Muttertier hat mit seinem Auftritt die Verhältnisse wieder in die richtige Relation geruckelt. Wir riegeln ab, wir besetzen, wir sperren und belagern, blockieren und schnüren ab, wir verbarrikadieren, erschweren und verhindern sowohl den Durchgang als auch den Zugang – DENN SO IST DAS NUN MAL.

EIN VORBILD SEIN

Klar will man ein gutes Vorbild sein, oder? Den Kindern Respekt vor anderen beibringen und gutes Benehmen, Toleranz und Wege zur Konfliktbewältigung und noch hunderte Dinge mehr. Ganz klar. Das Thema kam das erste Mal auf, als L., das Kind und ich im Auto saßen und das Kind von hinten aus seinem Kindersitz an der Ampel plötzlich rief: »Jetzt bieg halt ab, du Depp!«

L. und ich drehten schlagartig die Köpfe nach hinten und sahen das Kind entgeistert an, das uns beide fröhlich angrinste. Dann sah ich L. an – dieser Satz ist nämlich so eine Art Standardausrüstung von L. Aus irgendwelchen Gründen vergisst er im Auto alles, was er je über Benimm gelernt hat und verwandelt sich in einen unzivilisierten Affen. Das ist unschön, aber ich bekam ihn schon so geliefert, und so sehr ich auch versuchte, die Grundeinstellungen zu verändern, auf diese Funktion von ihm habe ich keinen Zugriff. Es kam auch schon mehrmals zu Zwistigkeiten wegen dieser Funktion, einfach weil ich sie wirklich bescheuert finde. Und nun das.

Zu L.'s großer Erleichterung lichtete sich der Verkehr vor uns in diesem Moment und er konnte sich auf ebendiesen konzentrieren – oder er tat zumindest so. Ich starrte ihn noch eine Zeit lang von der Seite an und dann stolperte ein Schwall an Vorwürfen aus mir heraus: ob er immer im Auto so fluche, wenn das Kind dabei ist, was er sich dabei denke, dass er einen Erziehungsauftrag habe und – überhaupt. Vor allem überhaupt. Auf Höhe der Ausfahrt Nürnberg hatte ich mich wieder beruhigt und L. legte mir vorsichtig eine Hand aufs Knie und drückte es. »Du hast ja recht«, sagte er und sah bedröppelt drein. »Ich kann irgendwie nicht anders, das rutscht mir ganz automatisch raus – tut mir leid.«

»Tja«, drückte ich seine Hand, »was wollen wir machen, du bist wohl nicht perfekt, was?« Und dann war es auch wieder gut. Am Abend darauf brachte ich das Kind ins Bett und es machte einen riesigen Zinnober daraus. Kennen Sie *Braveheart*? Diesen Film mit Mel Gibson, in dem er einen schottischen Freiheitskämpfer spielt? Wo er sich am Ende des Films, an einen Felsen gekettet, endlich den englischen Besatzern ergeben soll? Und wie er sich aufbäumt und stattdessen mit seinem letzten Atemzug »F-R-E-I-H-E-I-T!« brüllt? Dann wissen Sie ungefähr, was das Kind veranstaltete, als die Besatzung (ich) ihn, den Freiheitskämpfer, in die Klauen des Bettes stecken wollte. Mir ging dann nach einiger Zeit die Hutschnur hoch, irgendwo zwischen aktivem Widerstand und Freiheitsgebrüll, und ich schrie ihn an. Weil ich das sonst nie tue, erschrak das Kind prompt derart, dass es (todmüde) in Tränen ausbrach. Da saß ich dann, die schlechteste Mutter der Welt, und tröstete das Kind und heulte selbst los. Warum ich Ihnen den ganzen Schmonz erzähle? Weil das Kind sich irgendwann beruhigte (ich mich auch), ich mich entschuldigte, und weil es mir dann über den Kopf streichelte und mich anlächelte: »Was wollen wir machen – du bist nicht perfekt«, und ich daraufhin natürlich noch viel mehr heulte. Insofern – natürlich sollen wir unseren Kindern Vorbilder sein, aber durch unser Leben, nicht dadurch, dass wir versuchen, dieses oder jenes zu verstecken. Sich einfach darum bemühen, ganz ok zu sein, das reicht schon, denn stellen Sie sich mal vor, Sie bekämen es tatsächlich hin und Ihr Kind denkt, Sie wären perfekt gelungen: Wie schlecht und ungenügend muss sich das arme Ding denn vorkommen? Wir sind nicht perfekt, aber wir können ein Vorbild in unserem Imperfektionismus sein, das übt in Gelassenheit und fördert das Improvisationstalent!

T-SHIRTS MIT COMIC-FIGUREN DRAUF

Geht gar nicht, oder? Bevor das Kind kam, war mir ganz klar: Das Kind würde Klamotten anhaben, die aus ökologischer Baumwolle sind, ausschließlich. Außerdem wäre die Farbauswahl absolut geschlechtsneutral, denn dieses Mädchen rosa und Jungen blau Ding ist nun mal echt überholt. Ich würde außerdem nicht auf diese Marketing-Nummer von Disney (und wie sie alle heißen) hereinfallen und dem Kind Klamotten anziehen, mit denen es Werbung für den aktuellen Blockbuster macht. Also echt nicht. Witzig, oder? Dass man dachte, das Problem wäre, was das Kind anhat. Bereits kurz nachdem wir unser Modell zu Hause hatten, stellte sich natürlich heraus, dass das Problem eher war: Wie kriegen wir es in die Klamotten hinein? Das Kind hasste an-, um- und ausziehen wie die Pest und schrie sich die Seele aus dem Leib, wenn man ebendies tat. Die Prioritäten verschoben sich dann ganz schnell in Richtung: Hauptsache Druckknöpfe, scheiß auf die Farbe! Auch die Sache mit den geschlechtsneutralen Farben löste sich ganz schnell auf: Für den Anfang hatte ich zwar Babysachen in Größe 52-68 besorgt, die in den verschiedensten Farben geringelt waren und niedlich aussahen, aber das Kind war im Alter von zehn Tagen aus der Größe 68 rausgewachsen und von da an wurde gekauft, was günstig zu kriegen war, und zwar dort, wo genügend Parkplätze vor der Tür waren. Und wenn ich dem Kind alles mit rosa Rüschen, Einhörnern, Glitzer und Schleifchen nicht antun wollte, blieb meist nur die blaue Klamotte mit dem Traktor drauf. *So What!* dachte ich mir und nie im Leben habe ich mir öfter *So What!* gedacht als im Leben mit dem Kind. Auch jetzt wieder, seit das Kind alleine entscheiden will, was es anzieht. Nur so viel: Das Kind hält Raketen-Unterhosen für eine angemessene Bekleidung um das Haus zu verlassen. Das Thema Kleidung ist oft verbunden mit Sätzen wie »Weil ich es so sage« und »Ich zähle bis drei« (und immer hoffe ich, das Kind merkt nicht, dass bei Drei nichts passiert, sonst bin ich nämlich am Arsch). Die Anzieh-Situation fällt aus tageszeitlichen Gründen auch noch blöderweise mit der Wir-müssen-jetzt-los-Situation zusammen und das verleiht dem Ganzen so einen Kick aus Stress, wobei Kick viel zu positiv klingt. In dieser Situation kam uns Spiderman zu Hilfe. Anders als man das aus den Filmen gewohnt ist, aber immerhin: Meine Cousine hat die abgetragenen Sachen ihrer Jungs vorbeigebracht. Das macht sie öfter und wir sind ihr sehr dankbar. Als wir die Kiste öffneten, lag darin ein Spiderman-T-Shirt, also so etwas wie der Heilige Gral. Nichts, das weiß ich inzwischen, ist so cool wie ein Spiderman-T-Shirt. Als ich am nächsten Morgen das Kinderzimmer betrat, um die allmorgendliche Diskussion um die Notwendigkeit von Bekleidung im Allgemeinen und Besonderen zu diskutieren, war das Kind bereits fix und fertig und streichelte sich stolz über den Spiderman auf seinem Bauch. Was soll ich sagen – ich habe gleich noch zwei gekauft. Bei Lotta und ihren zwei Mädchen zu Hause hat sich übrigens exakt die gleiche Situation abgespielt, nur dass in ihrer Altkleider-Kiste irgendwas rosa Glitzerndes drin war. Seither hat Lotta die Anti-rosa-Haltung aufgegeben – ein bisschen wird schon nicht schaden und ein bisschen rosa und Prinzessin heißt ja noch nicht, dass man die Mädchen von nun an in High Heels zum Kindergarten schickt.

JUNGS SIND ANSTRENGEND

Vorneweg: Ich weiß nicht, wie es ist, ein Mädchen zu haben. Ich weiß nur, wie es ist, einen Jungen zu haben, und das ist eigentlich sehr schön. Finde ich. Allerdings sind Jungs gerade out, so kommt es mir zumindest vor. Es gibt Artikel dazu und ganze Bücher, es begegnet mir auf Elternabenden und unverhofft im Gespräch, immer wieder: Jungs sind anstrengend. Wenn am Schulhof noch ein paar Eltern zusammenstehen und reden, ist das oft Thema: Die Jungs sind laut, die Jungs stören, die Jungs müssen sich immer kloppen, und wenn Sie Mutter eines Jungen sind und nochmal schwanger werden, dann verraten Sie bloß nicht das Geschlecht des Kindes, falls es kein Mädchen sein sollte. Dann stehen Sie nämlich da mit Ihrem Bauch und Ihrer Vorfreude und von außen kommen Sachen wie:

- »Zwei Jungs? Na viel Spaß!«
- »Du Arme.«
- »Und probiert ihr es dann nochmal?«

Und da kann man schon mal ein Tränchen verdrücken und trotzig werden: »Also WIR freuen uns auf ihn.« Lassen Sie sich nichts einreden: Jungs sind wunderbar. Ein Hurra auf die Jungs, hoch die Pom-Poms, rollen wir die Plakate aus für sie. Sie sind anstrengend und wild und laut und sie kämpfen gern, sie sind anhänglich und zart und mitfühlend und vor allem sind sie wie alle Kinder: ein Geschenk.

SEX

Verrückt, oder? Wie wichtig das mal war?

STOLZ, EIGENER

Früher hat man Freunde gefunden, weil man sich irgendwie über andere Freunde kennengelernt hat, in der Arbeit oder beim gemeinsamen Warten in der Schlange vor dem Damenklo in irgendeinem Club.

Man war sich vielleicht sympathisch, entdeckte Gemeinsamkeiten (Surfen, Bücher, Blasendruck) und wenn es gut lief, verabredete man sich. Und wenn man sich nach vielen Verabredungen immer noch sympathisch war, wenn man mit den Eigenheiten des anderen zurechtkam, sich mal zu Hause besucht hatte, wenn man mal gemeinsam Bauchweh vor Lachen bekommen hat und wenn man sich einigermaßen sicher war, dass der andere kein Psycho war, dann wurde man irgendwann eventuell zu Freunden. Das ändert sich mit Kindern und geht jetzt ungefähr so:

»Hey! Unsere Kinder müssten ungefähr das gleiche Alter haben – habt ihr schon Pläne fürs Wochenende? Würdet ihr euch mit uns treffen? Könntet ihr unsere Freunde sein, bitte bitte?«

Es ist schäbig, es ist nutzorientiert, aber hey: Jede Minute mit Spielkameraden ist eine Minute weniger, die ich im Kinderzimmer liege, mit einer Playmobilfigur in der Hand und das Kind währenddessen schreit: »Mammi! Mach die Augen auf! Mammi! Nicht schlafen!«

Es gibt auch einige andere Dinge, die ich tue, die ich zuvor nie getan hätte. Ich sage nur: Kindergartenplatz. Da durfte ich mich vor Ort überzeugen, dass auch andere Eltern Dinge tun, die sie (hoffentlich) sonst nie tun. Ich habe Väter gesehen, die bei der Bewerbung um einen Platz im Kindergarten versprachen, ›gerne‹ ihre gesamte Freizeit für Projekte im Kindergarten zu opfern, handwerklich wären sie außerdem auch sehr geschickt und dann wiesen sie noch auf die Unterbezahlung von Erzieherinnen hin, die Arschnasen. Wer Kinder hat, schreckt vor nichts zurück, und wer einen Kindergartenplatz braucht, erst dreimal nicht. Und das hört in der Schule nicht auf: Mein Freund Ole hat tatsächlich im Bildungsministerium angerufen, weil das gewünschte Gymnasium für den Sohn keinen Platz mehr frei hatte. Im Bildungsministerium! Die waren so verdattert, die haben ihn direkt durchgestellt.

Über all das konnte ich den Kopf schütteln, bis der zuständige Kindergarten für mein Kind mir sagte, sie hätten keinen Platz für ebendieses und Tschüs. Und wer hat dann eine völlig Unbekannte angerufen, nur weil die angeblich Kontakte zur Kindergartenleitung hatte? Genau, ich. Für mich selbst hätte ich das nie gemacht, aber für das Kind? Ein bisschen Selbstdegradierung und hochnotpeinliches Wimmern? Gar kein Problem!

MUSIKGESCHMACK

Kinder haben einen miserablen Musikgeschmack, so viel ist klar. Wer hundert Mal hintereinander das Schlumpflied hören kann, hat noch kein musikalisches Gehör – oder kein Schmerzempfinden. Leider liegen Kinder in Sachen Musikgeschmack nicht nur meilenweit neben jeder Zumutung, sie sind auch vollkommen beratungsresistent. Das einzig Beruhigende an der Sache ist, dass es anderen genauso geht. Stumm nicke ich morgens dem Vater in der U-Bahn zu, der in seinen schwarzen Kapuzenpullis mit *Motörhead*- und *Slayer*-Schriftzug seine kleine, pinke Prinzessin zur Schule bringt. Aus deren Kopfhörern klingt Helene Fischers ›Atemlos‹, immer. Ich musste lächeln, unsere Blicke kreuzten sich und er zuckte entschuldigend mit den Schultern. Das ist nämlich das Schlimmste: dass andere Leute meinen könnten, man hätte mit der desaströsen Musikauswahl des Kindes irgendwas zu tun. Vielleicht hatte er die Kapuzenpullis nur deshalb an.

Unser Kind zu Hause hört gerne Abba und Dschingis Khan, keine Ahnung woher er das hat. Das ist zwar für mich persönlich nicht ganz so schlimm wie Helene Fischer, aber wenn das Kind im Wohnzimmer die Musik aufdreht und lauthals mitsingt:

Moskau, Moskau! Wirf die Gläser an die Wand,
Russland ist ein schönes Land ho ho ho ho ho, hey!

… dann ist das zwar süß (zumindest die ersten paar Male), aber ich zerknirsche auch so ein bisschen. Es passiert nämlich, dass die Nachbarin unvermittelt anfängt ›Dancing Queen‹ zu summen, wenn sie mit mir im Aufzug steht, und ich habe das permanente Bedürfnis zu erklären, dass ich damit nichts zu tun habe.

Ich hab mich an den Mann mit dem Kapuzenpulli gehalten – nur andersherum. Ich trage keine *Motörhead*-

Klamotten, aber für das Kind habe ich jetzt eine hinreißende Abba-Fan-Kollektion bestellt.

KORREKTUR AM KIND

Wenn bei uns zu Hause ein kleines Stelldichein von Kindergartenfreunden des Kindes mitsamt ihren Müttern stattfindet (siehe: *Hey! Unsere Kinder müssten ungefähr das gleiche Alter haben – könntet ihr unsere Freunde sein, bitte bitte?*) und wir alle um den Küchentisch sitzen, dann machen die Damen ihren Sorgen reihum Luft:

Lena beißt andere Kinder und Mama-von-Lena weiß nicht, ob sie Lena eher zur Ergotherapie oder zum therapeutischen Reiten schicken soll. Mama-von-Ludwig ist am Hadern, ob sie ihren Ludwig bei der Logopädin anmelden muss, weil die Kindergärtnerin ein leichtes Lispeln festgestellt hat, und Mama-von-Leo macht sich Gedanken, weil das Kind immer noch Mittagsschlaf macht und fragt sich, ob er deswegen in der Entwicklung hinterher ist. Und ich habe den Eindruck, nur ich mache mir Sorgen um etwas wirklich Bedrohliches, nämlich ob der Martini reicht.

Im Ernst: Wo ist diese gelassene Haltung unserer Omas hingekommen, die derartiges mit einem »Das wächst sich schon wieder raus« davon wischten? »Lasst die Kinder mal in Ruhe«, hat meine Oma gesagt und gemeinsam mit ihr erinnerten wir uns dann an die eigenen Auffälligkeiten im Kindesalter. Mit dabei waren:

- zwanghaftes Lichtschalter ablecken
- permanentes Räuspern
- eine Ballphobie

... und Oma wusste noch zu berichten, dass ich mir eine Zeit lang nach jedem Satz auf die Brust klopfte (?) und eine Cousine eine Lernschwäche hatte. Wenn ich mir vorstelle, was auch nur ansatzweise los wäre, wenn Ludwig oder Lena zwanghaft Lichtschalter ablecken würden oder sich auf die Brust klopften – so viele Beta-Blocker gibt es gar nicht, wie man den Müttern da unter den Martini mischen müsste. Dieses Zurückdenken an die eigene Kindheit, was man selbst und die anderen so für Auffälligkeiten, Tics und Störungen hatten und wie trotzdem alle ganz normale Leute geworden sind, hilft. Ich hab das mit den Müttern auch gemacht.

Es gibt seitdem ein zweites Mantra. Zu dem ersten, beruhigenden »Es ist alles nur eine Phase« kam nun hinzu: »Das wächst sich raus«. Und man kann sich drauf verlassen: Sobald wieder eine anfängt mit »Mein Linus kann immer noch nicht dingsbums«, kann man darauf wetten, dass eine der anwesenden Damen sagt: »Das ist nur eine

Phase!« und eine andere dranhängt: »Das wächst sich wieder raus.« Und dann gibt es noch einen Martini.

FACEBOOK, INSTAGRAM, MAMA-BLOGS

Natürlich wissen wir alle, dass die Bilder auf diesen Plattformen nicht die Realität abbilden (hoffe ich). Niemand hat so aufgeräumte Kinderzimmer, so gut angezogene Kinder und so lichtdurchflutete Häuser mit stylischen Sofas ohne Flecken und sieht selbst dabei so blendend aus (hoffe ich). Aber je mehr weiße Bettlaken vor hellgrauen Wänden man sieht, auf denen niedlich Babys in altrosa Leinenbodys in ihren Vintage-Gitterbettchen schlafen, desto mehr sickert in unser Hirn, dass es so aussehen kann. Also es *könnte* so aussehen, wenn man nur endlich die eigene Wohnung auf Vordermann bringen würde, so niedliche Leinenbodys besäße und das eigene Baby mal eine Nacht durchschlafen würde. Und wenn man die ollen Polizeiauto-Sticker vom Babybett abknibbeln würde, wäre es zwar immer noch nicht Vintage, aber schon viel besser! Und wieso haben deren Kinder eigentlich keine Pickelchen und keine dreckigen Fingernägel, warum haben das nur meine? Und warum zum Teufel passen meine Kaffeetassen nicht zum Küchenteppich? Sehen Sie, wie schnell das geht? Wie schnell einen diese blöde Vergleicherei am Wickel hat? Wenn es ganz blöd läuft, dann kauft man auch prompt einen hübschen Leinenbody für das Baby, ein paar neue Kaffeetassen und ein Bild fürs Kinderzimmer, genau in dem Stil, wie man das jetzt so oft gesehen hat. Und auch wenn es die exakt gleichen Sachen sind, die Sie da ankarren: Es wird nie so aussehen wie auf den Fotos der Blogger und Instagramer, denn Ihre Wohnung wird die neuen Dinge in sich aufsaugen und sie mit allem vermischen, was Sie sonst noch an Kram haben, und schon sind die unsichtbar. Dass wir uns vergleichen, können wir so gut wie nicht abstellen, es ist in uns angelegt, aber ich habe hier einen anderen tröstlichen Gedanken für Sie: Denken Sie mal an die ganzen Schnappschüsse in Ihrem Familienalbum. Vielleicht an die, auf denen Sie noch als Kind drauf sind. Da sind Fotos von Weihnachten mit Ihrer neuen Puppe und von Urlauben am Strand und in den Bergen, Bilder von Ihnen und Ihren Geschwistern beim Spielen oder von der Kaffeerunde, wenn mal wieder Oma und Tante Hilde da waren. Sie wissen noch genau, wie Tante Hilde nach dem zweiten Eierlikör immer gekichert hat, wie Sie einmal am Strand fast verlorengingen, und wenn Sie die Weihnachtsbilder ansehen, wissen Sie sofort wieder, wie festlich es war und wie spannend, bis das Glöckchen klingelte. Das sind Erinnerungen. Fotos sind Erinnerungen, nicht nur Inszenierungen. Ich hoffe wirklich, dass die Blogger- und Instagram-Mamis noch eine geheime, private Kiste mit normalen Fotos haben, denn sonst erinnern sich ihre Kinder und sie selbst irgendwann mal nur daran, von welcher Marke dieser tolle Leinenbody war, wie schwierig es war, dass die Kinder in die Kamera sehen, wo man das Vintage-Bettchen gekauft hat und wie viele Kommentare oder Herzchen oder Likes das Bild bekommen hat.

BILINGUAL

Silas geht nun schon in den zweiten Kurs Englisch, in den Fortgeschrittenenkurs sozusagen. Silas ist drei. Er kann außer *Mama* und *Papa* und *Auto* und *meins* noch fast gar nichts sagen – aber das auf englisch.

»Kinder saugen ja eine neue Sprache auf wie ein Schwamm«, schwärmt Silas' Mutter. Und ebenfalls wie ein Schwamm saugt die *Sparkling Diamonds School* Silas' Eltern jeden Monat dreihundert Euro aus der Tasche. Dreihundert Tacken! Wenn Sie das über ein Jahr lang sammeln, dann kann Silas nach dem Schulabschluss ein Jahr durch Großbritannien tingeln, da lernt er dann auch noch ein paar andere Wörter als *Mama, Papa, Auto* und *meins*.

Generell habe ich den Eindruck, man will den Anfang nicht versauen. Das Kind ist so eine Art Projekt geworden! Also erst PekiP (wir sprachen davon) für die Frühförderung der Sinne, dann die Zweitsprache, denn ohne bist du nicht fit für die Zukunft, ein Musikinstrument muss her – hoffentlich ist man da nicht zu spät dran! – und ein Haustier braucht das Kind auch, wegen dem *Verantwortung lernen*. Eine Sportart, den Malkurs und eine Zahnspange und, und … aber dann nicht merken, dass Silas ein Arschloch ist, das hab ich gern. Im Ernst: Wir haben uns einen Haufen Sachen andrehen lassen, die Unmengen an Geld kosten, Kinder und Eltern stressen, Zeit fressen, die man nicht in der Eisdiele oder beim Spielen verbringt – und mehr Mozarts und Schopenhauers haben wir bis jetzt auch nicht hervorgebracht. Da stimmt doch was nicht.

SUPERWOMAN

Ich habe es wirklich versucht, aber raten Sie was: Ich bin nicht Superwoman. Ich vermute sogar, Sie sind auch nicht Superwoman und deswegen brauchen wir auch gar nicht so zu tun als ob. Blöderweise haben wir nicht darauf geachtet und jetzt die Erwartungen an eine Mutter von vor vierzig Jahren am Hals, nämlich sich aufopfern, zurückstecken, sich kümmern und Haushalt, PLUS die Erwartungen von heute: Karriere, Figur und Yoga.

Wir können aber nicht gleichzeitig mit den Kindern auf dem Spielplatz herumtoben und die Mutter-Kind-Beziehung stärken, die Wohnung putzen, im Meeting sitzen, gesund und ausgewogen kochen, dabei top gepflegt aussehen, Yoga machen, etwas für uns selbst tun und Qualitätszeit mit dem Partner verbringen – schließlich muss man ja auch Paar bleiben. Das Wichtigste nicht zu vergessen: total ENTSPANNT bleiben dabei!

Abgesehen von der himmelschreienden Ungerechtigkeit, dass an die Väter all diese Ansprüche nicht gestellt werden und die Vereinbarkeit von Beruf und Familie so gut wie allein das Problem der Mütter ist: Es ist schlicht nicht möglich, all das zu vereinen. Trotzdem versuchen wir es wie verrückt! Warum? Weil zwar in der Öffentlichkeit alle sofort zustimmen, wenn es heißt, dass die Ansprüche an die Frauen immens sind, aber wehe, Sie versagen wirklich in einem der Punkte:

- *Mit dem Kind auf dem Spielplatz toben*
  Geht gar nicht – wer das nicht hinkriegt und zwischen KiTa oder Tagesmutter und Alltag zu wenig Zeit mit dem Kind verbringt, hat sich praktisch als Mutter disqualifiziert. Häufigste Bemerkung: Wozu hast du überhaupt Kinder bekommen?

- *Die Wohnung putzen*
  Eine tipptopp aufgeräumte Wohnung muss man nicht haben, das heißt aber übersetzt: Es kann durchaus eine hingeworfene Decke quer über dem Sofa liegen oder Spielzeug auf dem Wohnzimmerboden. Wenn Sie es aber wirklich nicht hinkriegen und sich in der Küche die schmutzigen Teller und Töpfe stapeln, die Wollmäuse durch Ihre Wohnung flitzen und der Staub

gemütlich auf ihrem Regal liegt, dann sind Sie eine Versagerin. Sie, wohlgemerkt, nicht Ihr Mann. Häufigste Bemerkung: »Also ein bisschen könnte sie sich schon zusammenreißen!«

- *Im Meeting sitzen*
  … was soviel heißt wie zu arbeiten. Wenn Sie das zugunsten der anderen Punkte aufgeben, hagelt es Kritik von allen (außer von Rechtspopulisten). So schnell können Sie sich gar nicht ducken, kommen da die Geschosse, häufigste Bemerkungen: »Du darfst dich nicht von deinem Mann abhängig machen.« – »Also ich könnte das nicht.« oder auch: »Und was ist mit deiner Rente?«

- *Gesund und ausgewogen kochen …*
  … ist gar nicht so ein großes Ding, meinen Sie? Dann erzählen Sie mal, dass Ihre Kinder regelmäßig Tiefkühlpizza bekommen oder sonst irgendetwas, das der Supermarkt gekocht hat. Dass Sie nicht auf dem Markt einkaufen, um das Erbeutete dampfzugaren und dass Ihr Saisongemüse Pasta ist. Häufigste Bemerkung: »Gesunde Ernährung ist ja so wichtig.« und »Die Kinder orientieren sich an den Essgewohnheiten der Eltern!«

- *Top gepflegt aussehen*
  Wenn Sie auf diesen Punkt zugunsten der anderen verzichten, können Sie das schon machen, aber dann

sind Sie halt eine Schlampe. Die Klamotten sind eher nach dem Zufallsprinzip ausgewählt, Sie hätten eigentlich schon gestern Haare waschen müssen und die rausgewachsenen Strähnchen gehören auch mal überfärbt? Sehe ich da etwa Härchen, die auf einen Damenbart hinarbeiten? Häufigste Bemerkung: »Du darfst dich nicht so gehenlassen!«

- *Yoga machen*
  … oder sonst irgendeinen beschissenen Sport, der Ihren ausgeleierten Körper wieder in Schwung bringt. Andere bekommen es ja schließlich auch hin, das sieht man ja an den Bildern der Promi-Mütter, die einen Tag nach der Geburt wieder ein Sixpack haben und mit ihrem Buggy einen Marathon laufen. Häufigste Bemerkung: »Du musst jetzt mal was für deinen Körper tun – Pilates oder so.«

- *Etwas für sich selbst tun*
  Gaaanz wichtig, lässt sich manchmal mit ›Yoga machen‹ vereinen, dann hat man zwei in einem. Häufigste Bemerkung: »Nur eine glückliche Mutter hat glückliche Kinder!«

- *Paar bleiben*
  Sie waren schon jahrelang ein Paar und vertrauen fest darauf, dass sie das auch irgendwie bleiben werden?

Sie finden nichts dabei, sich vorübergehend in ein Team zu verwandeln? Sagen Sie das bloß nicht! Wer nicht einmal die Woche einen Babysitter nimmt, um sich beim Italiener von acht bis halb zehn verliebt in die Augen zu sehen und auf das Handy zu schielen, ob der Babysitter anruft – der macht was falsch. Qualitätszeit ist so wichtig für Sie, geht das nicht in Ihren Schädel rein? Häufigste Bemerkung: »Man darf sich als Paar nicht verloren gehen!«

- *Entspannt bleiben*
  Das ist der allergrößte Witz, oder? Dass man alles irgendwie hinkriegen soll, aber es darf dabei nicht so aussehen, als würde man sich abstrampeln. So wie ein Ertrinkender, der wie verrückt paddelt, um nicht unterzugehen, aber den Kopf aus dem Wasser streckt und freudestrahlend ruft »Alles in Ordnung, Leute, mir geht's super!« Es muss alles so nebenbei erledigt werden, auch die Sache mit den Kindern (»früher liefen die ja so mit«) und nur nie die Nerven verlieren! Häufigste Bemerkung: »Jetzt entspann dich doch mal!«

Sehen Sie? Sie dürfen in keinem der Punkte versagen, nicht wirklich, nur so ein bisschen drüber jammern, dass es ganz schön viel ist. Dann stimmen Ihnen alle zu. Das ist Käse. Suchen Sie sich drei Punkte raus, mehr kriegen Sie im Leben nicht gebacken. Aber sonst eben auch niemand, lassen Sie sich nichts vormachen.

KRAM

Vor der Wohnungstüre stolpere ich zuerst über das Fahrrad und dann über den Helm des Kindes, und klopfe so mit der Stirn dezent an die Tür. Dahinter empfängt mich ein Knäuel aus Jacke, Mütze und Rucksack, und als zusätzliche Stolperfallen hat das Kind seine Schuhe kreuz und quer aufgestellt.

An den verschiedensten Stellen in unserer Wohnung hat das Kind sein Stempelset von Oma ausprobiert (an dieser Stelle: Danke, Oma!) und so gehe ich den Gang entlang vorbei an Sternen-, Wolken- und Herzchen-Stempelbildern ins Wohnzimmer. An unserem Bücherregal kleben ein paar Polizisten- und Dinosaurier-Aufkleber, auf dem Sofa liegt ein Piratenschwert und was sich unter dem Sofa befindet, davon möchte ich gar nicht anfangen. Wir haben Playmobilfiguren in der Badewanne, das Dschungelbuch im DVD-Player, in unserem Bett liegt ein Triceratops und täglich rückt eine Armee aus Legosteinen aus, die man meist recht unverhofft findet, nämlich nachts auf dem Weg zum Bad. Und habe ich die pinken Zahnpastaspuren im Bad erwähnt?

Also ziemlich lange dachte ich jedenfalls, ich müsste dem Einhalt gebieten. Spielzeug gehört nur ins Kinderzimmer (hihi) und das kann ja so schwer nicht sein. Man kann das auch tatsächlich hinkriegen, aber wissen Sie was? Als ich eine Freundin besuchte, deren Kind schon fast aus dem Haus ist, fiel es mir wie Schuppen von den Augen: Das ist irgendwann vorbei. Irgendwann gibt es keine Dinosaurier-Aufkleber mehr und kein Dschungelbuch, keine Playmobilfiguren und keine Spuren klebriger Kinderhände an meinem Fenster und mein aufgeräumtes Zuhause zeugt davon, dass das Kind lieber Zeit mit Gleichaltrigen verbringt und an einer Bushaltestelle abhängt oder was die dann eben so machen. Wenn man sich das bewusst macht, ist der ganze Kram, den das Kind wie ein Mixer ohne Deckel in der Wohnung verteilt, kein Ärgernis mehr, sondern etwas, von dem man jetzt schon weiß, dass man es eines Tages vermissen wird. Bis auf die Legosteine nachts im Bad, fuck that shit.

DAS HEILIGE MUTTERSCHAF

Manchmal denke ich, es wäre einfacher, wenn wir dieses heilige Mutterschaf einfach mal – BÄÄÄH – schlachten würden. Es ist nämlich nicht alles Rosen und Eierkuchen – für manche vielleicht schon, aber nicht für alle, und die lieben ihre Kinder deswegen nicht weniger. Und damit meine ich nicht, dass man manchmal ausgelaugt oder müde ist, sondern damit meine ich Apokalypse und Verzweiflung. Mitsamt dem Mutterschaf würde die Vorstellung verschwinden, dass die Mütter, denen manchmal alles zu viel ist oder die auch mal ihr altes Leben vermissen, die schlechteren Mütter sind.

BENNY BÄRENSTARK

Kennen Sie den? Ich kenne viele Benny Bärenstarks, ich bin sogar selber einer! Wir sind die, die schon alles irgendwie schaffen. Das haben wir so drin, das geht ganz automatisch. In der Zeit vor dem Kind bezog sich dieses ›schaffen‹ nur auf das eigene Leben: die Arbeit, Gefallen, Probleme von Freunden, emotionale Tiefschläge und ein schönes Zuhause, die kranke Mutter und alles, was das Leben noch so für einen bereithält. Ich schaff das!

Manchmal, wenn es doch zu viel wurde, hat ein Benny Bärenstark einen Nervenzusammenbruch bekommen oder Magengeschwüre, aber meistens war alles zu schaffen – auch wenn man oft haarscharf an der Grenze entlangschlitterte. Wir sind die, die besorgte Fragen von ihren Lieben wegwischen mit einem ›es geht schon‹, auch wenn wir uns da selbst nicht so ganz sicher sind. Wir wollen niemandem zur Last fallen und beißen die Zähne zusammen, bis es knirscht. Wer es nicht gewohnt ist, Hilfe anzunehmen,

Nein zu sagen und sich abzugrenzen, bekommt nach der Geburt eines Kindes ganz beeindruckende Schwierigkeiten. Dann kann man nämlich nicht mehr ›alles‹ schaffen. Für Viele ist das eine völlig neue Sache. Blöderweise kommt man vor lauter Babygeschrei und Stress auch gar nicht dazu, in Ruhe über die ganze Situation nachzudenken und wenn man stillt, kann man sich noch nicht mal anständig betrinken. Die Freundin und Mama sagen zwar: »Melde dich, wenn du Hilfe brauchst«, aber das steckt man als eine Art Floskel weg, so wie den Wunsch *Gesundheit!*, wenn jemand niest. Wir nehmen es nicht ernst, nicht mal, wenn konkret Hilfe angeboten wird, sondern zerbrechen uns eher den Kopf, ob unser Gegenüber alles hat was es braucht und – kann ich dir noch einen Tee machen? So ungefähr geht das. Es kann wirklich so etwas wie ein Aha-Erlebnis sein, wenn man das erste Mal Hilfe annimmt.

»Kann ich dir irgendwie helfen?«

»Ja!«

Das ist ein großes Ding. Das kann ja nur sein, dass jemand kurz auf das Baby aufpasst, weil man in die Apotheke muss, einkaufen oder duschen. Oder etwas besorgt, was man nicht hinbekommt. Oder mit dem Kinderwagen eine Runde dreht, damit man kurz schlafen kann.

Wenn man es anspricht: Du bist nicht die Einzige, die es nicht auf die Reihe kriegt.

Für die meisten Leute ist es ein total schönes Gefühl, helfen zu können, lassen Sie ihnen die Freude!

DIE LIVE-WEIHNACHTS-ÜBERTRAGUNG

Mit dem Kind haben sich an Weihnachten einige Dinge verändert. Zum Beispiel hat sich Heiligabend, insbesondere der Part mit der Bescherung, in eine Art Live-Übertragung aus unserem Wohnzimmer verwandelt. Seit das Kind da ist, habe ich mich verpflichtet gefühlt, den nicht anwesenden Großeltern eine lückenlose Berichterstattung per WhatsApp zu garantieren, was zur Folge hatte, dass ich den Abend des 24. in großen Teilen durch die Linse meiner Handykamera erlebte. Das war nicht nur für mich unschön: Mehr als einmal öffnete das Kind ein Geschenk, drehte sich mit großen Augen zu mir und strahlte mich an – und strahlte eigentlich nur meine Stirn an, denn ich sah mit gesenktem Kopf an ihm vorbei auf das Display. Es kam sogar »Mami! Mami!« rufend mit seinem Piraten-Playmobil-Männchen auf mich zu, stolz wie Bolle, und ich doofe Nuss trippelte nur langsam rückwärts, mit dem Blick fest aufs Handy gerichtet, damit ich das auch ja alles auf Video bekäme. Das ist traurig, es ist anstrengend und man kann außerdem gar nicht so sehr in der weihnachtlichen Stimmung aufgehen, wie man das möchte, weil man viel zu konzentriert auf seinen Job als Filmregisseur ist. Man kann noch nicht mal das Kind, den Hund oder den Mann in den Arm nehmen, weil man in einer Hand immer das Handy halten muss!

Ich mache das – Überraschung – nicht mehr. Das ist bei einigen Familienmitgliedern nicht unbedingt auf Begeisterung gestoßen, aber wenn ich erkläre, warum, geht es in Ordnung. Wenn man noch dazu erklärt, dass sie dadurch nicht weniger wichtig sind und wir sie nicht weniger lieb haben, geht es eigentlich. Ich verstehe ja, dass es Spaß macht, das Kind zu beobachten, wenn es ein Geschenk auspackt, das man ausgesucht hat. Daher mein Angebot: Kommt einfach die Tage mal vorbei und bringt euer Geschenk selbst mit, dann könnt ihr sogar live dabei sein.

ENGAGEMENT IN KITA, KRIPPE UND KINDERGARTEN

Das ist der Brüller, oder? Man zahlt ja diese ganze Betreuung, eben weil man keine Zeit (oder Lust) hat, selbst auf das Kind den ganzen Tag aufzupassen. Wieso kommen die KiTas dann auf das schmale Brett, man hätte Zeit (oder Lust), sich bei ihnen zu engagieren? In unserer KiTa musste jede Familie (die Mütter, arschklar) einmal die Woche für die ganze Gruppe kochen. Kochen! Ich hasse kochen! Ich bin die mit der Tiefkühlpizza!

Das Schlimmste an der Sache ist noch nicht mal, dass man eben sehen muss, wie man sich die Zeit frei schaufelt, und auch nicht, dass man für 25 Zwerge einkaufen gehen muss – das Schlimmste ist, dass Sie ein Gericht finden müssen, das die Mütter abnicken, weil es gesund, ausgewogen und bio ist, und das aber auch gut bei den Kindern ankommt, denn das Aller-Aller-Schlimmste kommt nach dem Essen: Da singt dann, wenn zum Beispiel die Mama-von-Lukas gekocht hat, die versammelte Kindergruppe im Chor:

»Lu-kas, gut gemacht! Lu-kas, gut gemacht!«

Das, meine Lieben, ist die Vorhölle. Allein die Vorstellung, die Kindergartengruppe könnte das Gericht ablehnen und das eigene Kind müsste sich für einen schämen, lässt einen Rezeptbücher wälzen und nachts aufschrecken.

Und damit ist es nicht getan, es ist ja ständig irgendwas. Da ist die längst fällige Spielplatzerneuerung, das Sommerfest, das Herbstfest und die Weihnachtsfeier, der Adventsbasar mitsamt den ganzen Kuchen, Torten und Plätzchen und dann steht man da vor dem gebackenen Zeug und muss den Scheiß auch noch verkaufen! Und wer gräbt eigentlich den halben Hinterhof um, damit die Kinder dort was anpflanzen können? Oder der Bastelnachmittag! Mit Eltern! Da sitzen dann zehn Frauen, alle gut ausgebildet, und statt als Ärztin, Journalistin oder Ingenieurin zu arbeiten, hocken sie um einen Tisch auf Kinderstühlen und basteln irgendwas aus Klorollen, während die Kinder in der Kuschelecke spielen. Verstehe mich keine falsch, das ist total super, wenn man da Bock drauf hat! Aber es wäre auch einfach total super, wenn es ok wäre, wenn man da keinen Bock drauf hat!

BENTO-BOX

Das Kind muss in den Kindergarten einen kleinen Snack für vormittags mitnehmen (das ist in den Hunderten von Euro nicht enthalten) und zu diesem Zweck gibt es: Brotdosen. In meiner kleinen Welt ist eine Brotdose eine wie auch immer geformte, wieder verschließbare Tupperdose (›Dose‹) für ein wie auch immer geartetes Frühstückchen (›Brot‹). Mit dieser Definition stehe ich allerdings ziemlich alleine da. In der Gruppe Sonnenschein im Kindergarten ist die Brotdose viel mehr, nämlich ein Mittel, seine Liebe zum Kind und die eigene Kreativität in Sachen Lebensmittel auszudrücken. Die Brotdose heißt dann auch nicht Brotdose, sondern ist eine Bento-Box. Das Besondere an der Bento-Box ist, dass sie aus Japan kommt und ihr Inneres in vier bis sechs verschiedene Fächer unterteilt ist. (Also so, wie in den Kantinen früher, damit die Bratensoße nicht in den Gurkensalat läuft.) Das ist praktisch, wenn man zum Beispiel noch einen Keks mitgeben will, dann liegt der in seinem eigenen Fach und wird nicht zerbröselt. Allerdings nimmt die Sache echt wilde Züge an. Ich sage es mal so: Wenn mein Kind seine Brotdose öffnet, dann sieht es dort eine Banane, einen Joghurt oder ein Käsebrot, je nachdem was der Kühlschrank gerade so hergibt. Vielleicht noch einen Keks. Wer eine Bento-Box öffnet sieht dort: Melonen, in Sternform ausgestochen, dazu halbierte Erdbeeren, im nächsten Fach Käsewürfel mit jeweils einem kleinen Cocktailstocher mit Tierfigur-Griff dran und im großen Fach liegt eine Scheibe Toast, auf die Wurst- und Ei-Scheiben so platziert sind, dass der Toast wie das Gesicht eines Piraten aussieht, inklusive Blaubeerauge und einer Augenklappe aus Gurkenschale. Ein paar Stäbchen Rohkost dürfen nicht fehlen und zum Nachtisch gibt es im nächsten Fach ein paar Him- sowie Brombeeren, abwechselnd im Kreis angeordnet mit einer grünen Weintraube in der Mitte. Wie eine Blume sieht das aus. Und falls in so einer Box mal eine Banane auftaucht, dann sind ihr zumindest am Tag zuvor Mund, Nase und Augen in die Schale geritzt worden, sodass sich das Gesicht jetzt braun abhebt. Glauben Sie nicht? Ich schwöre, es ist so. Es gibt ganze Blogs und Pinterest-Alben, die sich nur mit der Verzierung und Anordnung von Lebensmitteln in Bento-Boxen beschäftigen. In der Gruppe Sonnenschein ist die Bento-Box längst angekommen und sie hat mir sofort ein schlechtes Gewissen gemacht (die blöde Sau). Ich konnte das schlechte Gewissen einigermaßen beruhigen, indem ich auf die Künstlerinnen schimpfte, die morgens eine Stunde früher aufstanden, um ihren Kindern Essen in Form von irgendetwas, das nicht Essen ist, zu bauen. Ich meine, was kommt als nächstes? Dass ein Sprungteufel aus Tomaten und Gurken aus der Box kommt, wenn man sie öffnet? Ein Streichorchester aus Käsemäusen, das *Für Elise* spielt?

Meine Stimme der Vernunft (L.) wies mich dann dezent darauf hin, dass ich übertrieb – und was an Kreativität so schlecht sei? Tatsächlich störte mich ja nicht, dass die Mütter sich so tolle Dinge einfallen ließen, ich war einfach schlecht drauf, weil ich automatisch davon ausging, dass ich das auch machen müsste. Geht ja schließlich nicht, dass mein Kind nur eine olle Banane dabei hat, während Lukas, Leo und Lena mit dem Inhalt ihrer Box den Großen Gatsby nachspielen können. Nach einigen halbherzigen Versuchen, aus einem Schinkenbrot und Radieschen-Scheiben ein Gesicht zu formen, vor dem mein Kind beim Öffnen seiner Brotdose ziemlich erschrocken ist, habe ich mal nachgefragt. Erst beim Kind: Ob es sich auch so schöne Kreationen wünscht? Die Antwort war eindeutig: Nein. Es wünschte sich allerdings mehr Schinken und weniger Obst, und generell viel mehr Schokolade. Dann fragte ich die Kindergärtnerin (Jessica): Ob das ein Thema unter den Kindern sei? Auch hier war die Antwort eindeutig: Nein. Es wäre aber ein Thema, dass Leonie immer einen Schokokeks dabei habe und die anderen alle nicht. So kann man sich vertun! Niemand auf der ganzen Welt machte mir Druck, aus Würstchen Sterne zu stanzen, die Mütter nicht, das Kind nicht, niemand, außer mir selbst. Beknackt, was?

ZEIT MIT DEM PARTNER

Zeit mit dem Partner ist toll, ganz klar. Aber was ich bei dieser Forderung immer total vermisse ist das, was ich noch viel dringender brauche, nämlich: Zeit mit mir! Wenn das Kind schon mal aus dem Haus ist und somit keine Süßigkeiten will, kein Buch vorgelesen bekommen will, ich nicht Käpt'n Hook sein muss und niemand »Maaamaaa! Komm mal!« schreit, dann würde ich mich wahnsinnig gerne auf die Couch legen, etwas Nougat-Schokolade essen und vielleicht ein Buch lesen oder in die Ferne starren, und zwar ohne dass mein Partner sich erkundigt, was wir heute essen wollen, wie ich das neue Album von Dingsbums finde und ohne dass die Gefahr besteht, dass es irgendwo im Haus schreit: »Schaahaatz! Komm mal!« Ich habe mich oft gefragt, was mir eigentlich nicht so recht passt, bis mir aufgefallen ist: Ich bin entweder von den Kollegen, dem Kind oder Familie und Freunden umgeben und wenn alle außer Haus (oder im Bett) sind, bin ich von L. umgeben! Ich will aber nicht die ganze Zeit umgeben sein, ich will Trash-Fernsehen gucken in Klamotten, die jeder Beschreibung spotten und dabei ungesundes Zeug essen, mit unrasierten Beinen und fettigen Haaren. DAS ist es, was mir abgeht. Nicht Zeit mit dem Partner. Auch wenn ich dann eventuell Fotos von dem Kind auf dem Handy anschaue, als es noch ganz klein war.

TEENAGER

Lassen Sie alle Hoffnung fahren: Die Pubertät ist ein langer, schwarzer Tunnel, aber am Ende ist ein Licht, also halten Sie durch. Das wird schon wieder. Soweit ich das beobachten kann und aus eigener Erfahrung weiß, kommen alle Eltern während der Pubertät zu der Erkenntnis, dass sie alles falsch gemacht haben und einen unsympathischen, egoistischen und außerdem ziemlich beschränkten Affen großgezogen haben.

Aber: Das muss so! Erinnern Sie sich an die Sache mit dem Präfrontalen Cortex? Hier hat er nochmal seinen ganz großen Auftritt. Er ist nämlich erst mit den restlichen Hirnregionen ordentlich verknüpft, wenn man die zwanzig überschritten hat. Diese Baustelle im Gehirn könnte dafür verantwortlich sein, dass Pubertierende nicht so funktionieren wie sie sollen: Der Cortex, auch Frontallappen genannt, ist nämlich die ›Vernunft‹ und zuständig für Willensbildung, Bewusstsein und vor allem Impulssteuerung. Die Jungs sind auch noch (wie immer) später dran als die Mädchen, was dazu führt, dass diese Zeit der Baustelle im Hirn direkt mit der wichtigsten Schulzeit kollidiert. Außerdem sind sie durch die Hormone permanent auf Droge und haben mit ihren Stimmungsschwankungen zu kämpfen – jede Frau mit PMS weiß, was das heißt. Dazu kommt, dass bei denjenigen, die spät Eltern werden, unter Umständen die Lebenskrisen aller Familienmitglieder zusammenfallen, nämlich Papas Midlife Crisis, Mamas Wechseljahre und die Pubertät der lieben Kleinen. Und das ist ein Stoff für einen ganz großen Blockbuster. Ob daraus eine Komödie wird oder eine Tragödie, bleibt den Teilnehmern überlassen.

Wenn Ihr Teenager zu Hause Sie in den Wahnsinn treibt, wiederholen Sie ein beliebiges Mantra, das Ihnen vermittelt: Er/sie kann nichts dafür und alles wird gut werden. Meine Freundin blendet über die Stirn ihrer halbwüchsigen Tochter immer ein Warnschild ein, das nur sie sehen kann, und darauf steht in blinkenden Buchstaben:

Wegen Umbau
geschlossen.

Das hilft, die Kinder so zu behandeln, als wären sie erwachsen – mit dem Wissen, dass sie es noch lange nicht sind. Und irgendwann stehen Sie in der Früh auf und aus diesem unsympathischen, egoistischen und ziemlich beschränkten Affen ist ein reizender junger Mann mit guten Manieren oder eine bezaubernde junge Frau geworden. Halten Sie nur durch. Und sorgen Sie sich nicht wegen:

KLEIDUNG

Es gibt so eine Art Gesetz, das lautet: Solange die Erwachsenen es nicht scheiße finden, ist es kein Outfit. Reagieren Sie angemessen entsetzt, wenn Ihr Teenager so etwas unfassbar Rebellisches tut, wie die Hosen auf halb acht zu tragen oder den BH über dem T-Shirt. Wie gesagt, der Frontallappen. Das wird schon wieder. Denken Sie kurz daran, was Sie in Ihrer Pubertät getragen haben, das hat sich ja Gott sei Dank auch wieder gelegt. Vergessen Sie nur nicht viele Fotos zu machen, die Sie Ihrem Kind und allen seinen Freunden später bei geeigneten Anlässen wie runden Geburtstagen oder seiner Hochzeit als Power-Point-Präsentation vorführen können.

SCHULE

Naturgemäß stehen in der Pubertät nicht Mathe und Latein im Zentrum der Aufmerksamkeit, sondern das andere (und eigene) Geschlecht. Leider trifft das zeitlich genau mit dem Moment zusammen, in der es in der Schule ziemlich wichtig wird, sich zusammenzureißen – was ja genau das ist, was unseren Frontallappen-Idioten so schwerfällt. Falls sich Ihr Exemplar dahingehend untypisch verhält und es irgendwie hinbekommt mit der Schule: Herzlichen Glückwunsch. Falls dies nicht der Fall ist: Es ist nicht Hopfen und

Malz verloren. Meine dauerbekifften Freunde von damals sind alle in der Werbung untergekommen, Peter, der Ausreißer, hat heute ein Sonnenstudio und nehmen Sie mich: von der Schule geflogen (Mathe und Latein), jahrelang nur in der Kneipe gejobbt, keine abgeschlossene Ausbildung oder gar ein Studium und was soll ich sagen: Ich komme trotzdem ganz gut zurecht. Schlecht in der Schule heißt noch gar nichts.

MUSIK

Das wächst sich noch raus! Meine eigene, höchst spekulative Theorie ist, dass dieser kritische Bereich im Vorderhirn der Jugendlichen auch Einfluss auf das Gehör hat. Anders kann ich es mir nicht erklären. Auch hier hilft natürlich der Blick zurück, denn – was war Ihr peinlichster Lieblingshit noch gleich? Sehen Sie. Außerdem ist diese Phase unglaublich wichtig, denn sonst kann Ihr Kind später mal auf Ü-30-Partys und auf dem Oktoberfest nicht mitgrölen und das kann ja kein Mensch wollen!

DER FREUND/DIE FREUNDIN

Auf wenige Sachen ist man so gespannt, als auf die Art Partner, die sich das Kind einmal aussucht, oder? Mir schwant da Böses, denn so oft ich dem Kind auch Ronja Räubertochter und Pippi Langstrumpf schmackhaft machen will als Beispiele für starke Mädchen, hat sich beim Vierjährigen ein ganz anderes Beuteschema etabliert, was sich allein auf drei Merkmale stützt:

1. Lange, dunkle Haare

2. Kurze Hosen

3. Teenager

Wenn so ein Mädchen im Café sitzt, dann bekomme ich während unseres Aufenthalts dort lediglich den Hinterkopf des Kindes zu sehen. Ich hoffe, im Laufe der Zeit kommen zu diesen dreien noch einige Kriterien dazu und ich hoffe auch, dass diese Kriterien irgendwie mit unserer Weltanschauung zu Hause vereinbar sind. Wenn dem nicht so ist und Ihr Kind einen totalen Vollpfosten/eine hummeldumme Tussi mit nach Hause bringt: Es ist noch nichts verloren. Vielleicht will Ihr Kind Sie provozieren – genauso passiert einer Bekannten, einer engagierten Sozialpädagogin, die immer Verständnis hatte für ihre Tochter und immer das Gespräch suchte und dieser nie eine Ecke gab, an der sie sich hätte reiben können: Die brachte prompt einen Nazi mit nach Hause. Hat sich auch verwachsen – also die Partnerwahl der Tochter, nicht der Nazi.

Welches auch immer Ihre Sorgen sein mögen und es gibt bestimmt Situationen und Kinder, wo man sich die machen muss – in der Regel, wenn Sie Eltern mit erwachsenen Kindern fragen, können die bestätigen, dass man sich einen Großteil der Sorgen auch einfach hätte schenken können.

Vielleicht tröstet Sie auch dieses Bild, dass irgendwann, wenn die unsympathischen, egoistischen und außerdem ziemlich beschränkten Affen sich verwandelt haben in aufmerksame und reizende junge Leute, dass die dann eines Tages zu Ihnen kommen werden und sich statt ihren vertrauten und verständigen Eltern, zwei alten Haudegen gegenüberstehen, die komisch werden und schrullig und manchmal ziemlich unsympathisch.

ZUM SCHLUSS

Wie auch bei allen anderen Arsch-vorbei-Büchern gilt natürlich auch hier: Die Dinge, die wir genau dort vorbei schicken sollten, sind bei allen unterschiedlich. Das liegt in der Natur der Sache, denn eine alleinerziehende Mutter, die keine Unterstützung bekommt, hat ganz andere Probleme als ein verheiratetes Paar mit Doppeleinkommen und Au Pair.

Das sehe ich durchaus. Aber wir alle haben es verdient, uns die Dinge zu erleichtern und dazu gehört vor allem, dass wir uns nicht permanent gegenseitig bewerten. Ob eine Mutter berufstätig ist oder nicht, zwei Monate stillt oder zwei Jahre, ob sie einen Designer-Buggy hat oder ihr Baby im Tragetuch trägt, wir haben alle etwas gemeinsam und das ist die Liebe zu unseren Kindern. Und ich würde mir wünschen, dass aus dieser Gemeinsamkeit eine Solidarität der Mütter entsteht. Auch wenn unsere jeweilige Mütterlichkeit individuell ist und ganz anders als die von Mama-von-Lukas und Mama-von-Lena, es gilt nicht den ›passenden‹ Club zu finden, in dem alle die gleichen Einstellungen haben, was Erziehung, Fremdbetreuung, Ernährung und den ganzen Rest angeht, sondern zu akzeptieren, dass verschiedene Leben verschiedene Lebensmodelle hervorbringen und oft nur pragmatische

Reaktionen sind, ohne dass dieses besser oder jenes schlechter ist.

Lassen wir dieses Einkind-Mutter gegen die Mehrfach-Mutter, die unbedarfte Jung-Mutter gegen die bewusste Spät-Mutter, die fröhliche Konsum-Mutter gegen die engagierte Öko-Mutter. Schließlich versuchen wir alle unser Bestes. Wir brauchen einander, um nicht allein zu sein mit den Problemen in der Partnerschaft, mit der Unsicherheit und auch mit der Wut, die so ein kleiner Mensch in einem auslösen kann. Nicht allein mit der Angst so zu werden, wie die eigene Mutter und nicht allein mit der Erschöpfung.

Und hey: Wer dampfgaren möchte, kann das gerne tun. Wer Spaß am Basteln hat, nur zu! Und wer gerne jeden Tag kocht und Spaß daran hat, seinem Kind das Pausenbrot in Blumenform auszustechen: großartig. Vielleicht nähen Sie die Kleidung Ihres Kindes selbst? Ich bewundere Sie!

Wichtig ist mir nur eines, nämlich, dass Sie das alles tun, weil Sie da wirklich Bock drauf haben und nicht, weil Sie meinen ›das macht man jetzt so‹ und es deshalb von Ihnen erwartet wird.

VITA

Alexandra Reinwarth wurde 1973 in Nürnberg geboren und ist in Regensburg aufgewachsen, als Einzel-, Scheidungs- und Schlüsselkind.

Nach dem Fachabitur zog sie nach München und trat dort in ein Kneipenkollektiv ein sowie ein paar Jahre später wieder aus und wanderte im Jahr 2000 ›zufällig‹ nach Spanien aus.

Sie arbeitete in Barcelona als Produktionsassistentin und schließlich als Produzentin im Bereich Werbefilm und Fotografie. Gleichzeitig begann sie für verschiedene Verlage Satire- und Humorbücher sowie Ratgeber und Biografien zu verfassen. Seit 2006 arbeitet sie ausschließlich als Freie Autorin. Im Jahr 2016 zog sie mit ihrer Familie (sie hat einen wirklich ausgesprochen süßen Sohn) nach Valencia und widmet sich dort vermehrt dem Verzehr von Meeresfrüchten.

Alexandra Reinwarth hat diverse Bestseller geschrieben, unter anderem *Am Arsch vorbei geht auch ein Weg*. Der unkonventionelle Ratgeber hat es auf Platz 2 der Spiegel-Bestsellerliste geschafft und mehrere hunderttausend Exemplare verkauft. Die Bücher aus der *Was ich an dir liebe*-Reihe sind bei Amazon regelmäßig unter den Top 100 aller Bücher.

Ihre größten Erfolge als Mutter:

☐ Das Kind sagt immer ›Bitte‹ und ›Danke‹
☐ Das Kind ist gut in der Schule
☑ Das Kind lebt und müffelt kaum

24 Karten
Preis 9,99 € [D] | 9,99 € [A]
ISBN 978-3-86882-902-0

Alexandra Reinwarth

Am Arsch vorbei geht auch ein Weg: Postkartenaufsteller

24 gechillte Karten

Ob im Büro oder gegenüber nervigen Bekannten, ein beherztes »Leck mich« kann helfen, das Leben enorm zu erleichtern. Wenn du einmal nicht weiterweißt, reicht ein kurzer Blick auf die Postkarten und dir wird klar, dass schaukeln gehen wohl doch die bessere Alternative zu nervigen Telefonaten ist und ein gut platziertes »Nö« manchmal schon reicht. Es ist schließlich alles halb so wild.